CATALOGUE N° 12

MONNAIES

ET

MÉDAILLES ÉTRANGÈRES

PRIX : 1 FRANC

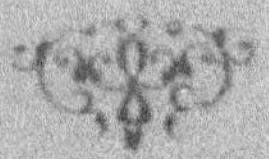

EN VENTE

CHEZ J. FLORANGE, EXPERT EN MÉDAILLES

21, QUAI MALAQUAIS, 21

PARIS

1895

La conservation des pièces est indiquée scrupuleusement.

Les prix sont nets.

Les envois aux frais des acheteurs et payables à réception en un bon à vue sur Paris ou contre remboursement et, à défaut, par traite avec frais de recouvrement ajoutés au montant de la facture.

Pas de réponse aux demandes d'articles vendus.

Achat de monnaies et médailles de tous pays, tant anciennes que modernes.

Rédaction de catalogues. — Expertises.

Envois à vue aux amateurs qui en font la demande.

MONNAIES & MÉDAILLES
ÉTRANGÈRES

ALLEMAGNE

1 *Louis I.* Denier au temple. *TB.* 2 »
2 *Frédéric I Barberousse.* Denier de Bergame. *TB.* 2 »
3 *Othon IV.* Bractéate à la tête couronnée, de face. *B.* 1 »
4 *Conrad IV.* Bractéate au buste couronné, de face, accompagné d'un rameau et tenant une épée. *TB.* 3 »
5 *Frédéric III.* Kreuzer, 1470, frappé à Neustadt. *B.* 2 50
6 *Charles-Quint.* Buste, à dr. ℞. TVLIT.AVRIFERO. ROMVLA SCEPTRA.TAGO ANNO 1542. Les colonnes d'Hercule surmontées de l'aigle impériale (Herrg XXIII, 40). Br. doré. 40 mm. *B.* 40 »
7 *Charles-Quint et Philippe.* Leurs bustes accolés, à dr. ℞. Colonnes d'Hercule entourées de la Toison d'or (Herrg XXIV, 63). Br. 39 mm. *TB.* 50 »
8 *Marguerite.* Jeton de 1541, à son monogramme. Cuiv. *B.* 3 »
9 *Anne et Philippe II d'Espagne.* Jeton, 1570. Leur mariage (V. Loon I. 129). Cuiv. *TB.* 6 »
10 *Isabelle, épouse de Charles IX, roi de France.* Jeton, 1584. Cuiv. Très rare. *TB.* 18 »
11 *Ferdinand II.* Pièce de 10 ducats, 1637, p. la Bohême. *FDC.* 170 »
12 — Pièce de 2 ducats, 1634, p. la Bohême. *TB.* 35 »
13 *Ferdinand III.* Son couronnement, 1636. Jeton en cuivre. *TB.* 3 »

14 — Pièce de 2 ducats, 1642, p. la Bohême. *FDC.* 45 »

15 — Pièce de 2 ducats, 1650, p. la Hongrie. *FDC.* 32 »

16 — Ecu, 1640, p. la Styrie. *TB.* 6 »

17 — Ecu, 1658, p. la Hongrie. *TB.* 6 »

18 *Anne, épouse de Louis XIII.* Jeton à son buste. Cuiv. *TB.* 1 »

19 *Léopold I.* Deux clichés plaqués d'argent, au buste de l'Empereur et à la vue de Vienne assiégée, en 1683. 43 mm. Ensemble. *TB.* 15 »

20 — Bataille de Gran. Méd. de Laufer, 1685 (Sz. 34, 13 var.). 35 gr. *FDC.* 15 »

21 — Prise de Bude, 1686. Jeton de Laufer. Br. *B.* 1 »

22 — Méd. ovale de Peter Seel (Zeller 122, n° 17). Cuiv. jaune. Troué. *B.* 6 »

23 — Prise de Stuhl-Weissenburg, 1688. Etain. *B.* 2 »

24 — Ecu, 1699. *TB.* 5 »

25 — Méd. relative à la campagne contre les Turcs. Buste du duc Charles V de Lorraine, à dr. ℞. IUNCTA PIÆ FORTIS. Deux bras brisant le croissant et tenant chacun une croix et une épée. 34 mm. 16 gr. *TB.* 60 »

26 *Marie-Thérèse, épouse de Louis XIV.* Jeton à son buste. Cuiv. *TB.* 1 »

27 *Eléonore et Charles V de Lorraine.* Méd., 1678. Leur mariage (Herrg. 38.24). 74 mm. 100 gr. *TB.* 70 »

28 *Charles VI.* Son couronnement, 1711. Son buste en médaillon entouré de ceux des princes-électeurs. ℞. Aigle impériale (C. Well. 7513). 44 gr. *TB.* 20 »

29 — Même événement. Petite méd. 5 gr. *B.* 3 »

30 *Charles VII.* Ecu, s. d. (d'Oexlein), à la vue de la ville de Ratisbonne. *FDC.* 15 »

31 *Marie-Thérèse.* Quart de ducat, 1749, p. la Transylvanie. *FDC.* 8 »

32 — Ecu, 1780. *FDC.* 6 »

33 — 5 kreuzer, 1765. *TB.* 1 »

34 — Son mariage avec François III, duc de Lorraine, 1736 (Donner). (Méd. de M.-Th. n° 3). Or. 10.5 gr. *FDC.* 68 »

35 — La même pièce, en forme de jeton. *FDC.* 6 »
36 — Même événement (Werner). (Méd. de M.-Th. 5 et 7). Etain ancien. *FDC.* à 3 50
37 — Méd. satyrique, 1742. Pragmatique Sanction. Cuiv. *B.* 1 50
38 — Méd. satyrique, 1743. Couronnement à Prague. Cuiv. *FDC.* 2 50
39 — Naissance d'un fils (1747). (Méd. de M.-Th. 83). Br. *FDC.* 3 »
40 — Méd. (de Roettiers), 1748. Ordre civil. Vermeil, à bélière. 8 gr. *TB.* 6 »
41 — Méd. (de van Berckel), 1779. Palais de justice de Bruxelles. 12,5 gr. *TB.* 4 »
42 — Méd. (de van Berckel), s. d. Académie de Bruxelles. 14 gr. *TB.* 3 »
43 — Arrivée de Marie-Antoinette à Gunzbourg, 1770. (Méd. de M.-Th. 224). 26 gr. *FDC.* 12 »
44 — Mariage de Marie-Antoinette avec le dauphin Louis de France, 1770. Jeton de Droz. *TB.* 10 »
44 *bis.* — Méd. de Duvivier, aux bustes de Marie-Antoinette et de Louis XVI. Br. 42 mm. *FDC.* 15 »
45 — L'archiduc Maximilien visite les mines de la Hongrie, 1777. 6.5 gr. *FDC.* 3 »
46 — La même méd. en bronze. *FDC.* 2 »
47 *François I.* Co-régence, 1740. Méd. ovale de Becker (Méd. de M.-Th. 16). Br. et étain. *FDC.* à 4 »
48 — Pièce en arg. aux bustes de Marie-Thérèse et de François I. *B.* 2 »
49 — Son couronnement à Francfort, 1745. Méd. coulée de van Swindern (Méd. de M.-Th. 51). 48 gr. *B.* 15 »
50 — Même événement. Méd. de Vestner (Méd. de M.-Th. 62). Br. *TB.* 5 »
51 — Même événement. Jeton en arg. Autel surmonté des insignes de l'Empire. *TB.* 2 50
52 — Même événement. Jeton des états de Namur. Br. *TB.* 3 »

53 — Mariage de son fils Léopold avec Marie-Louise, infante d'Espagne, 1765. 9.5 gr. *TB.* 2 »

54 — Sa mort, 1765. Méd. de Widemann (Méd. de M.-Th. 180). 35 gr. *FDC.* 14 »

55 — La même méd. Br. *B.* 1 50

56 *Joseph II.* Son couronnement à Francfort, 1764. Jeton en arg. *TB.* 1 50

57 — Louis XVI, accompagné de Marie-Antoinette et de son fils, se rend à Paris, 1789. Méd. de Duvivier. Br. 53 mm. *TB.* 5 »

58 — Groeschel, 1782, pour la Bohême, et soldo, 1788, p. le Cercle de Göritz. *TB.* à 1 »

59 *Léopold II.* Son couronnement à Francfort, 1790. Jeton en arg. *TB.* 1 50

60 — Bustes de Marie Antoinette et de Louis XVI, à dr. ℞. Adieux du roi à sa famille. Méd. de Küchler, 1793. Br. 47 mm. *TB.* 10 »

61 — Mort de Marie-Antoinette, 1793. Petite méd. en arg. *TB.* 5 »

62 — Mort de Marie-Antoinette et de Louis XVI. Jeton anglais. Cuiv. Rare. *TB.* 10 »

63 — 12 kreuzer, 1795. *B.* 1 »

64 — 6, 3 et 1 kreuzer, 1800; 30 et 15 kreuzer, 1807; 3 et 1 kreuzer, 1812; 1 kreuzer, 1816. *TB.* à 0 50

65 — Méd. relative au mariage de Clémentine avec François I, roi des Deux-Siciles, 1797. Br. 71 mm. *B.* 15 »

66 — Bataille d'Austerlitz, 1805. Br. *FDC.* 5 »

67 — L'empereur Napoléon I à Schœnbrunn, 1805. Br. *TB.* 10 »

68 — Arrivée de Marie-Louise à Strasbourg, 1810. 13 gr. *TB.* 6 »

69 — La même méd., en bronze. *B.* 2 »

70 — Mariage de Napoléon I et de Marie-Louise, 1810. Br. et arg. de différents modules. *TB.* 1 50 à 4 »

71 *Ferdinand I.* Son couronnement à Prague, 1836. Jeton en or. 3.5 gr. *FDC.* 15 »

72 — Son couronnement à Prague. Jeton en argent. 2 var. de module. *TB.* à 1 50

73 — Hommage de la Transylvanie, 1837. Jeton en or. 3.5 gr. *FDC.* 16 »

74 — Hommage de la Transylvanie. Jeton en arg. 2 var. de module. *TB.* à 1 50

75 — Son couronnement à Milan. Jeton en or. 3.5 gr. *FDC.* 18 »

76 — Son couronnement à Milan. Jeton en arg. 2 var. de module. *TB.* à 1 50

77 — Ducat, 1848, p. la Hongrie. *FDC.* 20 »

78 — Kreuzer, 1848, p. la Hongrie. *TB.* 1 »

79 *François-Joseph.* 3 centesimi, p. la Lombardie, formant boite et contenant le portrait de Radetzky en daguerréotype. *TB.* 3 »

80 — 1 kreuzer, 1882, p. la Hongrie. *FDC.* 1 »

ECCLÉSIASTIQUES

81 Cologne. *Frédéric de Saarwerden.* Florin d'or de Bonn. *FDC.* 20 »

82 — *Clément-Auguste de Bavière.* Quart de stüber, 1745. *TB.* 2 »

83 — *Max.-Fréd. de Kœnigseck.* Quart de stüber, 1766 et 1767. *B.* à 0 75

84 Corvei. *Théodore de Brabeck.* 2 pfenning, 1787. *B.* 2 »

85 Mayence. *Jean-Fréd.-Ch. d'Ostein.* 3 pfenning, 1759, au buste, et 1760, au chiffre. *B.* à 1 50

86 — *Emeric-Joseph de Breidbach.* 2 pfenning, 1766. *TB.* 1 »

87 — *Fréd.-Ch.-Jos. d'Erthal.* Quart de kreuzer, 1795, au buste. *TB.* 1 25

88 — *Charles de Dalberg*, primat de la Confédération du Rhin. Kreuzer, 1808. *TB.* 2 »

89 Metz. Denier anonyme du temps d'Etienne de Bar (C. Rob. 520). *B.* 4 »

90 — *Thieri Bayer de Boppart.* Gros. *TB.* 2 50

91 — *Raoul de Coucy.* Gros de Marsal. *B.* 12 »

92 — *Charles I de Lorraine.* Ecu, 1559, au St-Etienne. *TB.* 200 »

93 — *Robert de Lenoncourt.* Bugne, 1552. *TB.* 4 »

94 — *Charles II de Lorraine.* Méd., 1585. Buste et armoiries (C. Rob. 708). Br. doré. 35 mm. *B.* 80 »

95 — Siége vacant de 1695. Jeton en cuiv. *B.* 8 »

96 — Chapitre de la cathédrale. Denier. S.PAVLVS. Buste, à g. R/. SARE BOC. Eglise à deux tours (Comp. de Saulcy, Suppl. fig. 49). Inédit. *TB.* 30 »

97 — Chapitre de la cathédrale. Denier. S.PAVLVS. Tête du saint, à g. R/. SACLECA. Croix pattée (Comp. de Saulcy, Suppl. fig. 51). *TB.* 15 »

98 Munster. *Jean, comte de Hoya.* Raderalbus(Gros). *B.* 5 »

99 — *Christ.-Bern. de Galen.* Ecu, 1661. *FDC.* 15 »

100 — Chapitre de la cathédrale. 6 pfenning, 1787. *TB.* 3 »

101 — Chapitre de la cathédrale. 2 et 1 pfenning, 1790. *B.* à 0 75

102 — Chapitre de la cathédrale. Tiers d'écu, 1801. *B.* 4 50

103 Olmutz. *Charles de Liechtenstein.* Pièce de 5 ducats, s. d. *FDC.* 150 »

104 — *Charles de Lorraine.* Pièce de 5 ducats, 1704 (Coin de l'écu). *TB.* 150 »

105 — *Charles de Lorraine.* Pièce de 5 ducats, s. d. (Coin du florin). *FDC.* 140 »

106 — *Charles de Lorraine.* Ecu, 1701 et 1702. *TB.* à 13 »

107 — *Charles de Lorraine.* Ecu, 1703, 1704, 1705, 1706 et 1709. *FDC.* à 10 »

108 — *Charles de Lorraine.* Ecu, 1711 (Mayer n° 383). Très rare. *FDC.* 30 »

109 — *Charles de Lorraine.* Demi-écu, 1702, 1703, 1704, 1705 et 1707. *TB.* à 8 »

110 — *Charles de Lorraine.* 15 kreuzer, 1709. *B.* 2 »

111 — *Charles de Lorraine.* 6 kreuzer, 1708, 1709, 1710 et 1711. *B.* à 1 50

112 — *Charles de Lorraine.* 3 kreuzer, 1699 et 1706. *B.* à 0 75

113 — *Charles de Lorraine*. 1 kreuzer, 1701, 1702, 1704, 1705 et 1707. *B.* à 0 30

114 — *Wolfgang de Schrattenbach*. Ecu, 1719. *FDC.* 9 »

115 Osnabruck. *Charles de Lorraine*. Quatorzième d'écu, 1702 ; 2 mariengroschen, 1714 ; 1 mariengroschen, 1704, et 3 pfenning, 1703. *B.* à 1 50

116 — Siège vacant. Ecu, 1715, doré. *B.* 12 »

117 Paderborn. *Fr.-Arnold Wolff de Metternich*. 6 pfenning, 1706 et 1718. *TB.* à 1 »

118 — *Clément-Aug. de Bavière*. 6 pfenning, 1745. *TB.* 1 »

119 — *Guill.-Ant. d'Assebourg*. Douzième d'écu, 1764. *B.* 1 50

120 Salzbourg. *Léonard de Keutschach*. Gros, 1500. *TB.* 5 »

121 — *J.-J. Khün de Belasy*. Pièce de 2 ducats, 1577. *FDC.* 45 »

122 — *Paris de Lodron*. Ecu, 1623, au St-Rudbert. *TB.* 10 »

123 — *Paris de Lodron*. Ecu, 1628. Dédicace de la cathédrale. *FDC.* 10 »

124 — *Max.-Gandolf de Kuenbourg*. Demi-ducat, 1668. *FDC.* 10 »

125 — *Sigism. de Schrattenbach*. Quart de ducat, 1755. *TB.* 5 »

126 — — Ecu, 1754. *FDC.* 12 »

127 — — Jeton, 1770. Cuiv. *TB.* 3 »

128 — *Jérôme de Colloredo*. 2 pfenning, 1802, et 1 pfenning, 1801. *TB.* à 0 75

129 Strasbourg. *Jean-Georges de Brandebourg*. Thaler carré à 80 kreuzer, 1592. *TB.* 25 »

130 — *Charles de Lorraine*. Quart de thaler. Dates variées. *TB.* à 4 »

131 — *Charles de Lorraine*. 3 kreuzer. Dates variées. *TB.* à 1 50

132 — *Charles de Lorraine*. Jeton de 1600. Ecu et vieillard, appuyé sur une bêche, regardant la Religion assise dans les nuages (E. et L. 262). Arg. Très rare et très beau. 70 »

133 — *Louis-Constantin de Rohan*. Sixième d'écu, 1759. *TB.* 6 »

134 — *Louis-Constantin de Rohan*. Douzième d'écu, 1759. *B.* 5 »

135 — *Louis-Constantin de Rohan*. 20 kreuzer, 1773. *TB.* 4 »

136 — *Louis-Constantin de Rohan*. 5 kreuzer, 1773. *B.* 2 »

137 — *Louis-Constantin de Rohan*. 1 kreuzer, 1773. *B.* 1 50

138 SPIRE. *Loth.-Fréd. de Metternich*, archevêque de Mayence, évêque de Worms et abbé de Wissembourg. Deux tiers d'écu, 1674. *TB.* 10 »

139 — *Loth.-Fréd. de Metternich*. Albus, 1665. *B.* 2 »

140 TOUL. *Berthold et Henri II*. Denier (Dann. 957). *AB.* 15 »

141 — *Udon*. Obole inédite. *B.* 20 »

142 — *Pierre de Brixei*. Denier. *B.* 3 »

143 — — Denier de Liverdun. *B.* 5 »

144 — *Mathieu de Bitsch*. Denier. *B.* 2 »

145 — *Thomas de Bourlémont*. Esterlin (C. Rob. 1026). *B.* 15 »

146 TRÈVES. *Henri de Fénétrange*. Denier. *B.* 1 50

147 — *Baudouin de Luxembourg*. Deniers variés. *TB.* à 1 50

148 — *Conon de Falkenstein*. Gros. *B.* 2 50

149 — *Werner de Falkenstein*. Florin d'or. *FDC.* 25 »

150 — *Ulric de Manderscheid*. Bractéate à l'écu. *B.* 2 »

151 — *Raban de Helmstadt*. Bractéate à l'écu. *B.* 4 »

152 — — Gros de 1437. *B.* 6 »

153 — *Jacques de Sierk*. Florin d'or. *TB.* 25 »

154 — — Gros. *B.* 3 »

155 — *Jean de Bade*. Gros. *B.* 4 »

156 — *Jean-Hugues d'Orsbeck*. Huitième d'écu obituaire, 1711. *TB.* 5 »

157 — *Charles de Lorraine*. Deux tiers d'écu, 1714. Rare. *B.* 50 »

158 — *Charles de Lorraine*. Trois albus. Dates variées. *B.* à 0 50

159 — *Charles de Lorraine*. Quart d'écu obituaire, 1715. *FDC.* 18 »

160 — *Charles de Lorraine*. Huitième d'écu obituaire, 1715. *TB.* 10 »

161 — *Fr.-G. de Schœnborn*. Petite pièce obituaire, 1756. *FDC*. 2 50

162 — *Clément-Wenceslas de Pologne*. Kreutzer, 1773; 3 albus, 1793; 1 albus, 1790; 2 et 1 pfenning, 1789. *B*. à 1 »

163 Verdun. *Nic. Bousmard*. Jeton de 1584. Cuiv. *TB*. 28 »

164 — *Errie de Lorraine*. Jeton de 1596. Cuiv. *TB*. 30 »

165 — *Charles de Lorraine-Chaligny*. Florin d'or, 1612. *B*. 65 »

166 — *Charles de Lorraine*. Demi-gros. *B*. 3 »

167 Wurzbourg. *J.-Ph.-Fr. de Schœnborn*. Gros obituaire, 1724. *FDC*. 4 »

168 — *Ch.-Ph. de Greiffenclau*. Demi-pfenning, 1751. *B*. 2 »

169 Ordre teutonique. *Paul de Rusdorf*. Schilling. *B*. 2 »

170 — *Maxim. d'Autriche*. Ecu, 1603, au cavalier. *FDC*. 15 »

171 — *Ch.-Alex. de Lorraine*. Son élection comme grand maître, 1761. Méd. de Oexlein. 29 gr. *FDC*. 12 »

172 — *Ch.-Alex. de Lorraine*. Méd. de Krafft, 1770. Election de l'archiduc Maxim. comme coadjuteur. 44 gr. *FDC*. 20 »

173 — *Ch.-Alex. de Lorraine*. Ecu, 1776. *FDC*. 22 »

174 — *Ch.-Alex. de Lorraine*. Demi-écu, 1776. *TB*. 10 »

175 — *Maxim.-Fr. de Lorraine*. Quart d'écu obituaire, 1801. *FDC*. 4 »

176 Murbach et Lure. *André d'Autriche*. Batz, 1596. *B*. 3 50

177 — *Léopold d'Autriche*. Double batz, 1624. *B*. 6 »

178 — *Léop.-Guill. d'Autriche*. Bractéate. *TB*. 6 »

179 Thorn. *Marg. de Brederode*. Ecu, 1570. *TB*. 16 »

180 — *Anne de La Mark-Lumain*. Pièce de 4 stüber. *TB*. 10 »

PRINCES LAÏQUES

181 Anhalt. 3 pfenning, 1839, 1864 et 1867. *TB*. à 0 50

182 Autriche. *Sigismond*. Florin d'or à l'archiduc debout. *TB*. 20 »

183 — *Ferdinand*. Double écu, p. l'Alsace. *TB.* 25 »

184 — — Quart d'écu, p. l'Alsace. *B.* 4 »

185 — *Maximilien*. Double écu, 1614, p. l'Alsace. *TB.* 40 »

186 — *Léopold et Claude de Médicis*. Double écu, p. le Tyrol. *TB.* 12 »

187 — *Léopold*. Ecu, 1620, 1623 et 1624. *TB.* à 9 »

188 — — Ecu, 1626, 1628 et 1630. *TB.* à 10 »

189 Bade. *Ch.-Fréd.* Kreuzer, 1772. — *Louis*. 10 kreuzer, 1830. *TB.* à 1 »

190 Bavière (duché). *Maximilien I*. Double écu, 1626, à la Vierge. *FDC.* 18 »

191 — (royaume). *Louis I*. Ducat, 1830. Or. *FDC.* 15 »

192 — *Louis I*. Ecu, 1828. Segen des Himmels. *TB.* 8 »

192 *bis* — *Louis I*. Sa visite à la Monnaie de Paris, 1806.(Module de la pièce de 2 francs.) Br. *FDC.* 5 »

193 — *Maximilien II*. Double florin à la Vierge, 1855. *TB.* 5 »

194 — *Louis II*. Ses fiançailles avec la duchesse de Bavière, 1867. Méd. devenue presque introuvable. 29 gr. *FDC.* 40 »

195 Berg. *Max.-Jos. de Bavière*. Demi-stüber, 1803 et 1804. *B.* à 1 »

196 — *Max.-Jos. de Bavière*. 3 stüber, 1801, 1803, 1805 et 1806. *TB.* à 1 50

197 — *Joachim Murat*. Ecu, 1806. *TB.* 25 »

198 — — 3 stüber, 1806. *TB.* 3 »

199 Brandebourg-Ansbach. *Alexandre*. Ecu, 1766. *B.* 6 »

200 Brunswick. *Guillaume*. Bractéate au lion. *TB.* 5 »

201 — *Rod.-Auguste et Ant.-Ulric*. Grand écu, 1689. « Duobus fulcris securius. » *TB.* 18 »

202 Hanau-Lichtenberg. *Jean-René*. 12 kreuzer, 1621. (Pas dans E. et L.) *TB.* 6 »

203 — *Jean-René*. Bractéate. *B.* 1 »

204 Hanovre. *Georges IV*. Deux tiers d'écu, 1828. *FDC.* 6 »

205 — *Ernest-Auguste*. Grande méd. uniface, signée Muller. 98 mm. *TB.* 10 »

206 — *Georges V*. Sixième d'écu, 1859, et 2 pfenning, 1853. *TB.* à 1 »

207 Hesse. *Guill. II*. Tiers d'écu, 1827, et sixième d'écu, 1824, 1827 et 1835. *TB*. à 1 »

208 — *Guill. II*. 4 heller, 1827, et 2 heller, 1818. *B*. à 0 50

209 — (Darmstadt). *Ernest-Louis*. 4, 3 et 1 heller, 1735. *TB*. à 0 75

210 — *Louis IX*. Pfenning, 1786 et 1789. *B*. à 0 50

211 — *Louis X*. Quart de stüber, 1805. *TB*. 1 »

212 Jever. *Ch.-Guill. d'Anhalt-Zerbst*. 2 stüber. *B*. 5 »

213 Lippe-Detmold. 3 pfenning. *B*. 1 »

214 Mansfeld. *Jean-Georges III*. Huitième d'écu obituaire, 1710. *TB*. 6 »

215 Mecklenbourg (Güstrow). *Gust.-Adolphe*. 3 pfenning, 1678. *B*. 2 50

216 — Schwerin, 3 pfenning, 1755; Strelitz, 48e d'écu, 1838. *TB*. à 1 »

217 Nassau (Weilbourg). *Albert*. 2 kreutzer, 1588 et 1589, et bractéate. *TB*. à 2 »

218 — (Orange). *Guill. V*. Son mariage avec Sophie-Wilh. de Prusse. 10 gr. *B*. 5 »

219 — (Dietz). *Guill. V*. Heller, 1791. *B*. 1 50

219 *bis*. Palatinat-Veldenz. *Georges-Jean*. Demi-batz. Dates variées. *TB*. 3 »

220 Poméranie. *François*. Gros de 1618. *TB*. 5 »

221 Prusse. *Frédéric II*. Victoire de Friedberg, 1745 (Henk. 4384). 13.5 gr. *TB*. 8 »

222 — *Frédéric II*. Prise de Prague, 1757 (Henk. 1620). Br. *TB*. 3 »

223 — *Frédéric II*. Ecu, 1785. *TB*. 4 50

224 — — Tiers d'écu, 1774, et douzième d'écu, 1765. *B*. à 1 75

225 — *Frédéric II*. 2 grosch., 1773 et 1785, et 3 pfenning, 1782. *B*. à 0 50

226 — *Frédéric II*. Heller, 1753, p. le duché de Clèves. *TB*. 1 »

227 — *Fréd.-Guill. II*. Ecu, 1796. *B*. 5 »

228 — — Tiers d'écu, 1793. *B*. 1 75

229 — — Pfenning, 1797. *FDC*. 1 »

230 — *Fréd.-Guill. III.* Ecu, 1815. *B.* 5 »
231 — — Sixième d'écu, 1814. *FDC.* 1 50
232 — — Ecu, 1818 et 1831. *TB.* à 4 50
233 — — Gros et demi-gros, 1811; 2 kreuzer, 1800, p. Neuchâtel. *B.* à 0 50
234 — *Fréd.-Guill. III.* Méd. des Campagnes, 1813-1814. Br. *B.* 2 »
235 — Sa visite à la Monnaie de Paris, 1814. Br. *TB.* 3 »
236 — *Fréd.-Guill. III et Alexandre I de Russie.* Méd. relative au monument élevé au souvenir des campagnes, 1813 à 1815. Br. *TB.* 5 »
237 — *Fréd.-Guill. IV.* Sixième, douzième et trentième d'écu. Dates variées. *TB.* à 0 50
238 — *Guillaume.* Ecu, 1861. Son couronnement. *FDC.* 4 50
239 — — Douzième et trentième d'écu. *TB.* à 0 50
240 — *Guillaume II.* Annexion de l'île d'Héligoland, 1890. 12 gr. *FDC.* 4 »
241 — *Guillaume II.* Roupie, 1890, p. la Compagnie est-africaine. *FDC.* 6 »
242 — *Guillaume II.* Pièce de cuiv., 1890, p. la Compagnie est-africaine. *FDC.* 2 »
243 SAXE. *Jean et Georges* (1525-1530). Ecu à leurs bustes. *TB.* 15 »
244 — Weimar, 3 pfenning, 1799; Hilburghausen, 3 kreuzer, 1817; Saalfeld, heller, 1735; Cobourg, 3 kreuzer, 1818. *B.* à 1 »
245 — *Jean-Georges I.* Ecu carré, 1615. Naissance de son fils (M. 2970). *B.* 26 »
246 — *Jean-Georges I.* Méd. de Kitzkatz, 1629. IMPERANDO ORANDO LABORANDO CONSISTIT. 18 gr. *B.* 12 »
247 — *Fréd.-Aug. I.* Cliché uniface, à son buste. Etain. *TB.* 2 50
248 — Douzième d'écu, 1705. *B.* 1 50
249 — *Fréd.-Aug. III.* 5 thaler en or, 1798. *TB.* 25 »
250 — — 3 pfenning, 1799. *TB.* 1 »

251 — *Marie-Josèphe, dauphine de France*. Jeton, 1756. Æ. *TB.* 5 »

252 — (Royaume). *Fréd.-Aug. I*. Grand et joli médaillon en cuivre repoussé, appliqué sur velours et entouré d'une guirlande de chêne. 180 mm. *TB.* 30 »

253 — *Antoine*. Ecu, 1828 et 1829. *TB.* à 4 50

254 — *Jean*. Ecu, 1858. *FDC.* 4 50

255 — — Sixième d'écu, 1860 et 1863. *TB.* à 1 »

256 — *Albert*. Jubilé de la maison de Wettin, 1889. 18 gr. *FDC.* 5 »

257 Sayn-Wittgenstein. *Jean-Gustave*. 2 mariengroschen, 1654. *B.* 2 50

258 Schlick. *Etienne et ses frères*. Ecu, s. d. *TB.* 12 »

259 Schwarzenberg. *Ferdinand et Marie-Anne, comtesse de Sulz*. Ecu, 1696. *TB.* 13 »

260 Silésie. *Georges, Louis et Chrétien*. Double écu, 1656. *TB.* 100 »

261 — *Chrétien*. Deux tiers d'écu obituaire, 1672. *TB.* 16 »

262 — *Sylv.-Fréd.*, à Oels. 6 kreuzer, 1674. *TB.* 6 »

263 Transylvanie. *Etienne Bockbay*. Pièce de 10 ducats, 1605. *FDC.* 250 »

264 — *Gabr.-Bethlen Gabor*. Pièce de 3 gros. 1626. *TB.* 4 »

265 — *Michel Apafi*. Ducat, 1678. *FDC.* 38 »

266 Waldeck. *Vierding*. Etoile et croix. Imitation de Trèves. *B.* 12 »

267 Werle. Obole fr. à Gustrow. *B.* 6 »

268 Wied. *Fréd.-Alexandre*. Quart de stüber, 1752. Mine Alexandre. *B.* 4 »

269 — *Fréd.-Alexandre*. Quart de stüber, 1758, à G. W. sous une couronne. *TB.* 3 »

270 Wurtemberg. 6 kreuzer, 1808 et 1811. — *Guillaume*. 6, 3, 1 et demi kreuzer. *B.* à 0 50

271 — (Montbéliard). *Ulric*. Demi-gros. *B.* 6 »

272 — — *Léop.-Eberhard*. Liards de 1710, 1715 et 1716. *B.* à 0 50

VILLES

273 Aix-la-Chapelle. 2 mariengroschen, 1753. *B.* 1 »
274 Augsbourg. Bataille de Hœchstedt, 1704. Méd. carrée de G.-F. Nürnberger. Enfants en prière et légende. 8 gr. *FDC.* 6 »
275 — Jubilé de la Confession d'Augsbourg, 1730. Jeton en cuiv. Lustre et arbre. *FDC.* 2 »
276 — Jubilé de la paix de religion. Méd. 1755. Armoiries de la ville et la Renommée. 6 gr. *FDC.* 4 »
277 Besançon. Quadruple pistole d'or, 1579. *TB.* 250 »
278 — Carolus et petit blanc. Dates variées. *B.* à 1 »
279 — Teston, 1624. *B.* 4 »
280 — Quart de teston, 1624. *B.* 3 »
281 — Ducat, 1655. *FDC.* 85 »
282 — Demi-ducat, 1655. *B.* 15 »
283 — Ecu, 1658 et 1660. *TB.* à 12 »
284 Bocholt. Pièce en cuiv. (XI), 1762. *TB.* 1 »
285 Brême. Double écu, 1641, au titre de Ferdinand III. *FDC.* 80 »
286 — 6 grote, 1672, au titre de Léopold I. *B.* 3 »
287 — Double écu, 1744, au titre de Charles VII. *TB.* 60 »
288 — 1 pfenning, 1748, au titre de François I. *TB.* 1 »
289 — 12 grote, 1859 et 1860. *TB.* à 1 25
290 Brisach. *Plappert.* *B.* 1 50
291 Bucheim. Prise de la ville par les Français, 1676. Br. *TB.* 4 »
292 Buchhorn. Heller uniface. *TB.* 1 »
293 Burg-Friedberg. Kreuzer, 1680. *B.* 1 50
294 Carsbourg. Fondation de la forteresse sous le gouvernement d'Etienne, comte de Stainville, 1714 (Wesz. G. XXXIII, 3). 70 gr. *B.* 60 »
295 Clausthal. Méd. offerte par la ville à Jean de Nettancourt, comte de Vaubécourt, lieut. général français, 1761 (Madai 6846). 21 gr. *TB.* 30 »
296 Colmar. 4 kreuzer, 1666 et 1669. *B.* à 6 »
297 Cologne. Florin d'or, s. d. *B.* 13 »
298 Constance. Gros au St-Conrad. *B.* 3 »

299 — Kreuzer, s. d., à l'écu et à l'aigle éployée. *TB.* 4 »
300 Cœsfeld. Pièce de 8 heller, 1713 et 1761. *B.* à 1 50
301 Dortmund. Obole à l'Empereur en buste, de face, et à une tête placée dans un triangle. *TB.* 4 »
302 — Quart de stüber, 1754. *B.* 1 »
303 Elberfeld. Jeton p. un pain. Disette 1816. *TB.* 1 »
304 Francfort. Double thaler, 1861. *FDC.* 7 »
305 — 6, 3 et 1 kreuzer. *FDC.* à 1 »
306 Goslar. Gros au St-Mathias, s. d. *B.* 4 »
307 — Gros à la Vierge, 1545. *TB.* 5 »
308 Haguenau. Zwœlfer, 1625 (E. et L. 56). *TB.* 30 »
309 — Bractéate. *B.* 1 »
310 — 2 kreuzer, s. d., au nom de Ferdinand II, et 1666. *TB.* à 1 50
311 — Zwœlfer, 1668. *TB.* 30 »
312 — — s. d. *B.* 6 »
313 — Délivrance de la ville, 1675. Br. *TB.* 5 »
314 Hambourg. Ecu, 1730. Jubilé de la Réformation. *TB.* 16 »
315 — 8 schilling, 1728. *TB.* 2 »
316 — Méd., s. d. (xviie siècle.) Annonciation de la Vierge et naissance de Jésus. 7 gr. *B.* 10 »
317 Kaufbeuren. Jubilé de la Confession d'Augsbourg, 1730. Jeton, 3 gr. *TB.* 2 50
318 Kremnitz. Méd., 1551. Adam et Eve à côté de l'arbre de la science. ℞. Le Christ sur la croix. 24 gr. Vermeil. *B.* 25 »
319 Magdebourg. Bractéate au St-Maurice. 4 var. *B.* 2 » *TB.* 4 »
320 Mannheim. Jeton, 1792. 50 ans de règne. 2 gr. *TB.* 3 »
321 Metz. Gros au St-Etienne, à genoux. *B.* 2 »
322 — Ecu, 1633, au St-Etienne, debout. *B.* 15 »
323 — Teston, 1592, 1593 et 1598, au saint debout. *B.* à 3 50
324 — Ecu, 1638, 1639 et 1640, au buste de Saint-Etienne. *TB.* à 15 »
325 — Franc, 1659. *B.* 3 »

326 — Jeton du maître échevin de Pellart de Givry, 1677. Cuiv. *TB.* 10 »

327 — Jeton du maître échevin de Bérard, 1678. Cuiv. *B.* 2 »

328 — Jeton du maître échevin de Rissan, 1700. Arg. *FDC.* 20 »

329 — Campagne de 1552. Méd. en bronze. *B.* 30 »

329 *bis.* — L'Empereur d'Allemagne visite la ville, 1889. 12 gr. *FDC.* 4 »

330 Mulhausen. 2 pfenning, 1767. *B.* 2 »

331 Mulhouse. Festival, 1870. Méd. en étain. *TB.* 5 »

332 Munster. Ecu carré, 1660. *TB.* 35 »

333 Neuss. Jeton satyrique sur l'insuccès du siège, 1576 (Dugn. 2703). Cuiv. *TB.* 10 »

334 — Siège de la ville, 1586. Jeton en cuiv. (Dugn. 3104). *B.* 3 »

335 Nordheim. Gros, 1671 (C. Well. 4651). *B.* 3 »

336 Nuremberg. Seizième de ducat à l'Agneau pascal, avec écrin au chiffre couronné de Jean-Georges III de Saxe. 8 »

337 — Méd. de Werner, relative à l'exposition d'un rhinocéros, 1748. Etain ancien. *TB.* 2 50

338 Osnabruck. 3 pfenning, 1752 et 1760. *B.* à 1 »

339 Philippsbourg. Prise de la ville, 1668, par les Français. Br. *TB.* 4 »

340 — Campagne du Palatinat. Prise de 20 villes, 1688. Br. *TB.* 4 »

340 *bis* — Prise de la ville, 1734, par les Français. Br. *TB.* 6 »

341 Prague. Reprise de la ville par Ch.-Alex. de Lorraine, 1744 (Doneb. 4815). Br. *TB.* 6 »

342 Rostock. 3 pfenning, 1761. *B.* 1 »

343 Soest. 3 pfenning, 1732. *TB.* 1 »

344 Strasbourg. Florin d'or (E. et L. 422). *TB.* 55 »

345 — Thaler, s. d. *TB.* 13 »

346 — Guldenthaler (E. et L. 484). *TB.* 15 »

347 — Zwœlfer, s. d., au lis et à la croix. *TB.* 1 50

348 — — s. d., à l'écu et au lis. *TB.* 4 »

349 — Prise de la ville, 1681. Méd. en bronze. *TB.* 4 »

350 — Prise de la ville, 1681. Jeton en cuivre. *B.* 3 »

351 — Arrivée de Marie-Louise d'Autriche. Méd., 1810. Arg. *TB.* 4 »

352 — Même pièce, en bronze. *TB.* 1 50

353 — Jubilé religieux, 1817. Jeton carré. Arg. *TB.* 3 50

354 — Garde nationale. Méd., 1830, au buste de Lafayette. Br. *FDC.* 3 50

355 — Méd., 1838, au buste de Jean Sturm, recteur de l'Académie. Br. *FDC.* 6 »

356 — Arrivée de l'Empereur d'Allemagne, 1889. 28 gr. *FDC.* 12 »

357 — Même événement, 12 gr. *FDC.* 4 »

358 Stuttgart. Petite méd. carrée. Vue de la ville. ℞. Jument avec son poulain (C. Well. 3529). 4 gr. *TB.* 8 »

359 Thann. Deux batz, 1624. *B.* 8 »

360 Wissembourg. Zwœlfer, 1626. *TB.* 15 »

361 — 2 kreuzer, 1629. *B.* 2 »

362 — Kreuzer, 1622. *TB.* 2 »

363 — Passage du Rhin par Charles de Lorraine, 1744. Jolie méd. de Holtzhey. Buste du duc, à dr. ℞. Minerve foudroyant le Rhin (E. et L. 44). 41 gr. *FDC.* 60 »

364 *G.-K. Greiffenegg et L. de Hartleben.* Jeton du comm. du XVIIe s. Cuiv. *B.* 20 »

365 *Hardenberg*, administrateur du margraviat d'Ansbach. Méd. en étain. Sujet de chasse. *TB.* 4 »

366 *Huss* (*Jean*). Méd. à son buste et au bûcher. 24 gr. *B.* 10 »

367 *Jenner* (*Ed.*). Méd. de Loos, 1796, relative à la vaccine. 9 gr. *TB.* 5 »

368 *Luther* (*Martin*). Jeton, 1717. Jubilé de la Réformation. 5 gr. *B.* 4 »

369 *Schiller* (*F. de*). Méd. de Allen et Moore. Buste et cloche. Br. *TB.* 10 »

370 Méd. religieuse (Joachimsthal). David et Goliath. ℞. Jonas et le roi David. 19 gr. Vermeil. *TB.* 15 »

371 — Dieu le Père et le fils assis ; au dessus, le Saint-Esprit. ℞. Le Saint-Esprit descend sur les apôtres réunis dans un temple. 18 gr. Vermeil. *TB.* 15 »

372 — Elie ressuscite l'enfant de Sarepta. ℞. Le Christ réveillant le fils de la veuve. 30 gr. Vermeil. *TB.* 16 »

373 — Sacrifice d'Abraham. ℞. Le crucifiement. 10 gr. Vermeil. *TB.* 15 »

374 Méd. de baptême. Sacrifice d'Abraham. ℞. A° 1668. Den 10 Maij Nachmittag umb 1 uhr ist gebohren Jacob Schweigger, sein Gevatter beij der h. Tauffe Georg Remmshardt. GGG. (Alsace.) Méd. ovale coulée et ciselée. 28 gr. Vermeil. *TB.* 40 »

375 Méd. de baptême signée I.K (J. Kittel?) 14 gr. *FDC.* 10 »

376 Ducat authentique au St-Georges. *TB.* 55 »

377 Méd. uniface au St-Georges. XVIIe siècle. Br. 50 mm. *B.* 4 »

ANGLETERRE

378 *Guillaume.* Denier au buste, de face. *TB.* 5 »

378 *bis. Henri II.* Penny. *B.* 5 »

379 *Jean I.* Méd. de Dassier. Br. *B.* 3 »

380 *Henri III.* Penny. Londres et Canterbury. *B.* à 1 »

381 *Edouard.* Esterlin. Bristol, Canterbury, Durham, Londres, York. *B.* à 1 »

382 *Edouard III.* Noble. Le roi dans un vaisseau et croix. *TB.* 55 »

383 *Richard III.* Angel. *B.* 90 »

384 *Henri VII.* Angel. *TB.* 30 »

385 *Marie.* Souverain (Rud. IX, 1). *TB.* 270 »

386 *Elisabeth.* Souverain (Rud. IX, 8). *TB.* 240 »

387 — Souverain au buste. *TB.* 100 »

388 — Demi-souverain (Rud. X, 1). *TB.* 70 »

389 — Jolie méd. ovale de Stuart. Son buste, à g.

℞. NON.IPSA.PERICVLA.TANGVNT. Pin sur une île. 51 gr. 53 × 46 mm. *TB.* 300 »

390 *Jacques I.* Double réal à la rose. *FDC.* 220 »

391 — 30 shilling (Rud. XII, 5). *FDC.* 350 »

392 — Souverain. *TB.* 40 »

393 — 20 shilling. *TB.* 40 »

394 — 10 shilling. *TB.* 28 »

395 *Charles I.* Pièce de 3 livres, 1642. *TB.* 350 »

396 — 20 shilling. *TB.* 55 »

397 — Crown. *TB.* 28 »

398 — Méd. ovale en arg. doré. *B.* 25 »

399 *Charles I et Marie II.* Jeton gravé à leurs bustes. Ꝗ. *B.* 30 »

400 *République.* Unite, 1652. *FDC.* 100 »

401 — Crown, 1656. *TB.* 85 »

402 *Cromwell.* Shilling, 1658. *TB.* 45 »

403 *Charles II et Catherine.* Méd., s. d., à leurs bustes. 38 gr. *TB.* 18 »

404 *Jacques II.* Jeton à son buste. ℞. Vue des Iles britanniques. Cuiv. *B.* 3 »

405 — 6 pence, 1689, et demi-penny, 1693, p. l'Irlande. *B.* à 1 25

406 *Georges I.* Demi-penny, 1723, p. l'Irlande. *B.* 1 »

407 *Georges II.* Demi-penny, 1739. *B.* 1 »

408 *Georges III.* 1 ackey Trade, p. l'Afrique, 1818. *FDC.* 50 »

409 — 6 pence, 1787. *FDC.* 2 »

410 — 6 pence, 1820. *FDC.* 1 50

411 — Demi-penny, 1772; demi-penny et farthing, 1799; penny, demi et quart de penny, 1806-1807. *TB.* à 1 »

412 — Abolition de la traite des noirs, 1807. Méd. en bronze. *B.* 6 »

413 — Mort de la princesse Charlotte, 1817. Jeton. Cuiv. *B.* 1 »

414 *Caroline.* Grande méd., 1820. « Queen's trial. » Br. 80 mm. *TB.* 8 »

414 *bis.* — Méd. de Mills., 1820. Br. 55 mm. *FDC.* 5 »

415 *Georges IV*. Son inauguration, 1821. Br. *TB*. 5 »
415 *bis*. — Méd. à son buste. Cuiv. repoussé. 95 mm. *TB*. 15 »
416 *Guillaume IV*. Son avènement, 1830; son couronnement, 1831. Jetons en cuiv. *B*. à 1 »
417 *Victoria*. Florin, 1862, au buste couronné, à g. *FDC*. 3 »
418 — Méd. militaire, 1854. Crimée. 6 gr. avec ruban. *TB*. 3 »
419 — Méd. militaire, 1854. Crimée. 3 gr. *B*. 1 50
420 — Méd. militaire, 1855. La Baltique. 2 gr. *TB*. 2 50

421 ECOSSE. *Alexandre III*. Denier. *B*. 2 »
422 — *Robert II*. Gros de Perth. *AB*. 2 »
423 — *François II de France et Marie Stuart*. Gros d'argent, 1560. *B*. 10 »
424 — Les mêmes. Quart de gros, 1559. *B*. 20 »
425 — — Denier. *TB*. 25 »
425 *bis*. — Jeton à leurs bustes, 1560. Cuiv. *TB*. 15 »
426 ILE DE MAN. Demi-penny, 1758. *B*. 2 50
427 GUERNESEY. 8 doubles, 1834; 4 doubles, 1830 et 1864. *TB*. à 0 50
428 GIBRALTAR. Quarto, 1842. — ILES IONIENNES. 2 1/2 oboles, 1819. *B*. à 1 »
428 *bis*. — Bombardement de Gibraltar, 1783. Méd. de Reich au buste d'Elliot. Etain. *TB*. 6 »
429 Tokens variés, selon la conservation : 1 à 3 »

Anglesey, 1788; Bedfort, 1792; Birmingham, 1791 et 1792; Bristol, 1811; Cambridge, 1795; Chichester, 1794; Colchester, 1794; Coventry, 1792; Dublin, s. d.; Edinburgh, 1792 et s. d.; Exeter, 1792; Gibraltar, 1818; Galles du Nord, s. d.; Galles du Sud, 1793; Ipswich, s. d.; Kent, 1795; Lancaster, s. d. et 1794; Liverpool, 1792; Londres, s. d. (mail coaches, docteur Eady) et 1800; Macclesfield, 1791; Manchester, 1793 et 1795; Norwich, s. d.;

Portsmouth, 1797; Southamptom, s. d.; Spalding, 1794, etc.

430 Stockport. 6 pence silver token, 1812 (F. Cartwight). *TB.* 5 »

DANEMARK

431 *Waldemar II.* Denier à la croix. *B.* 5 »
432 *Christine et François I de Lorraine.* Méd. de saint Urbain. Br. *TB.* 4 »
433 *Christine et Nicolas de Lorraine-Vaudémont.* Jeton, 1553. Cuiv. *B.* 15 »
434 *Chrétien IV.* Demi-ducat, 1645. Troué. *B.* 12 »
435 *Chrétien V.* Ducat, 1691. *FDC.* 25 »
436 — Demi-skilling, 1694. *B.* 1 50
437 — Petite méd., s. d. 3 gr. *FDC.* 3 »
438 *Frédéric IV*, 2 skilling, 1715. *TB.* 1 50
439 *Frédéric V.* Ducat, 1757, au buste casqué. *B.* 15 »
440 — Ducat, 1759 et 1762. Tête à perruque. *FDC.* à 16 »
441 — Ducat, 1763, aux chiffres couronnés. *FDC.* 17 »
442 *Chrétien VII.* Ducat, 1783, au buste. *FDC.* 16 »
443 — Ducat, 1791, à l'homme sauvage. *FDC.* 20 »
444 — Skilling, 1771, et 2 skilling, 1801. *B.* à 1 »
445 *Frédéric VI.* Rigsdaler, 1826. *B.* 6 »
446 — Rigsbankdaler, 1813. *TB.* 5 »
447 — 2 skilling, 1810; 12 skilling et skilling, 1813. *TB.* à 0 50
448 *Frédéric VII.* Skilling, 1853. *FDC.* 0 75
449 Méd., 1776, signée D.I.A. (Daniel Jansen Adzer, graveur à Copenhague). L'Equité, debout, à g. ℞. Trois danseuses. 21 gr. *TB.* 25 »

ESPAGNE

450 *Alphonse VI.* Denier de Tolède (H. 3). *TB.* 3 »
451 *Pierre I.* Gros au P couronné (H. 7). *TB.* 12 »
452 *Jean II.* Réal avec le mot IOHN couronné (H. 11). *TB.* 15 »

453 *Henri IV*. Florin d'or. *B*. 30 »
454 — Lion et château. Obole. *TB*. 5 »
455 — Vellon. *B*. 1 »
457 *Ferdinand et Isabelle*. Quadruple ducat(H. 60). *TB*. 150 »
458 — Double ducat. *TB*. 50 »
459 — Ducat. *TB*. 45 »
460 — Demi-réal. *B*. 3 »
461 *Philippe le Beau et Jeanne*. Réal frappé à Anvers, 1505. *FDC*. 25 »
462 *Philippe IV*. 8 maravédis. *B*. 1 »
463 *Charles II*. Son mariage. Jeton en cuivre. *TB*. 2 »
464 *Marie-Louise d'Orléans*, donnée en mariage à Charles II, 1679. Méd. Br. *TB*. 3 50
465 *Charles d'Autriche, prétendant*. 2 réaux, 1712. *TB*. 3 »
466 *Philippe V*. 2 réaux, 1718 et 1723. *TB*. à 2 »
467 Fiançailles de Marie-Anne-Vict. avec Louis XIV, roi de France, 1721. 7 gr. *B*. 5 »
468 La même, en bronze. *B*. 1 50
469 *Le marquis Beretti Landi*, plénipotentiaire au Congrès de Cambrai, 1723. Jeton en arg. *TB*. 20 »
470 *Ferdinand VI*. Ecu, 1758. *TB*. 8 »
471 Mariage de Marie-Thérèse avec Louis, le dauphin, 1745. 17 gr. *TB*. 4 »
472 *Charles III*. 2 réaux, 1776 et 1777. *FDC*. à 2 50
473 — Demi-réal, 1788. *TB*. 1 »
474 *Charles IV*. 2 réaux, 1801 et 1804. *FDC*. à 2 »
475 — Réal, 1807, et demi-réal, 1808. *FDC*. à 1 »
476 — Demi-piastre de proclamation, 1789. *B*. 5 »
477 — Demi-réal de proclamation, 1789. *TB*. 1 50
478 *Ferdinand VII*. Proclamation à Madrid. Réal, 1808. *TB*. 3 »
479 — Proclamation à Madrid. Demi-réal, 1808. *TB*. 1 »
480 — Ecu, 1808. Barcelone. *TB*. 8 »
481 — Demi-écu, 1808. Barcelone. *TB*. 10 »
482 — Ecu, 1808. Gérone. *TB*. 15 »
483 — Ecu, 1808. Majorque. *TB*. 8 »
484 — Ecu, 1809. Barcelone. *TB*. 8 »
485 — Proclamation à Cadix, 1812. Etain bronzé. *B*. 3 »

486 *Joseph-Napoléon.* Piastre, 1811. *TB.* 8 »
487 — Demi-piastre, 1812. *FDC.* 13 »
488 — Plaquette de Liénard. Cuiv. bronzé. *FDC.* 7 »
489 *Ferdinand VII.* Méd. de constitution, 1816. Br. *TB.* 4 »
490 — Méd. de proclamation, 1820. Br. *TB.* 2 »
491 — Pièce de 2 écus d'or, 1830. *TB.* 23 »
492 — 2 réaux, 1814. *FDC.* 4 »
493 — Réal, 1824. *FDC.* 1 »
494 — Pièce de 10 réaux, en cuivre, fr. à Burgos, 1821. *B.* 6 »
495 — 8 maravédis, 1824. *TB.* 1 »
496 *Isabelle II.* 40 cent, 1864. *FDC.* 2 »
497 — Proclamation à Cadix, 1843. 8 gr. *FDC.* 6 »
498 — Campagne d'Afrique. Méd. relative à la prise de Tetuan, 1860. Etain. *FDC.* 2 50
499 — Campagne d'Afrique. Méd. militaire. Br. argenté. *TB.* 4 »
500 ARAGON. *Pierre II.* Denier au buste (H. 1). *B.* 2 »
501 — *Pierre IV.* Florin d'or. *B.* 20 »
502 — — Denier au buste (H. 2). 2 »
503 BARCELONE. *Alphonse II.* Denier à la croix (H. 1). *B.* 5 »
504 — *Jacques I.* Denier à l'écu (H. 1). *B.* 5 »
505 — — Denier au buste (H. 3 et 5). *B.* à 1 »
506 — *Jacques II.* Denier au buste (H. 3). *TB.* 1 »
507 — *Alphonse IV.* Denier au buste (H. 2). *TB.* 2 »
508 — *Martin.* Gros au buste (H. 1). *B.* 5 »
508 *bis.* — *Ferdinand.* Gros au buste. *B.* 6 »
509 — *Philippe III.* Réal, 1612. *TB.* 3 »
510 — *Philippe IV.* 5 réaux, 1641. *B.* 10 »
511 — *Louis XIV.* Seizain. *TB.* 1 »
512 VALENCE. *Jacques I.* Denier au buste. *B.* 1 50
513 — *Alphonse V.* Réal. (H. 4). *TB.* 8 »
514 — *Ferdinand II.* Double ducat (H. 1). *TB.* 50 »
515 — *Charles I.* Denier au buste. *TB.* 5 »
516 — *Ferdinand VII.* 6 quartos, 1823. *TB.* 1 50
517 MAJORQUE. *Ferdinand I.* Réal (H. 2). *B.* 20 »

518 — *Ferdinand I.* Demi-réal (H. 3). *B.* 5 »
519 — *Alphonse V.* Réal. *B.* 25 »
520 — *Ferdinand II.* Réal. *B.* 5 »
521 — *Philippe IV.* Réal, 1623 et 1650. *B.* à 1 »
522 — — Petite pièce en cuivre, p. les Baléares. *B.* 2 »
523 — *Charles II.* Pièce en cuivre, 1668, p. les Baléares. *B.* 2 50
524 — *Ferdinand VII.* 12 palma, 1812, p. les Baléares. *B.* 1 »
525 Ibiza. *Philippe II.* Denier. *B.* 1 »
526 Lerida. Jeton en cuivre. *B.* 2 »

GRÈCE

527 *Capo d'Istria.* 5 lepta, 1828 et 1831. *TB.* à 2 »
528 *Othon de Bavière.* 5 lepta, 1834. *B.* 1 »

ITALIE

529 Arezzo. *J.-Math. Marchetti.* Méd. de Selvi, 1702, au buste de l'évêque, à dr. ℞. HINC.PRISCAE. REDEVNT.ARTES. Bâtiment. Br. 96 mm. *TB.* 20 »
530 Ancona. Gros au St-Quiriac debout. *TB.* 3 »
531 — Demi-gros à l'A. *B.* 1 »
532 — Seizain. *TB.* 1 »
533 Antignate. *Jean II Bentivoglio.* Doppia d'oro. *TB.* 170 »
534 Asti. Obole au nom de Conrad II. *TB.* 2 »
535 — *Charles d'Orléans.* Denier au buste de saint Secundus. *B.* 15 »
536 Bologne. Gros au St-Petrone. *B.* 2 »
537 — *Innocent XII.* Demi-Bolognino, 1691. *B.* 1 50
538 Carmagnola. *Mich.-Antoine, marquis de Saluces.* Cavallato. *TB.* 10 »
539 Casale. *Théodore II.* Denier à l'M. *B.* 2 »
539 *bis.* — *Boniface II.* Cornabo. *B.* 5 »

540 — *Ferdinand de Mantoue*. Pièce de 2 soldi à la Vierge. *B.* 2 »

540 *bis*. Corse. *République* (Paoli, général). 4 soldi. *TB.* 1 »

541 Deciane. *Dauphin Tizzone*. Quattrino. Plusieurs variétés. *B.* à 1 »

542 Ferrare. *Alphonse I d'Este*. Méd., s. d. (Arm. II, 90. 6). 30 mm. *B.* 10 »

543 — *Hercule II*. Ecu d'or au St-Geminien. *B.* 20 »

544 — *Alphonse II*. Quattrino. *B.* 1 50

545 Florence. *Pierre-Léopold*. Ecu, 1768. *B.* 10 »

546 — — Ecu, 1786. *B.* 6 »

547 — — Petit écu, 1787. *TB.* 6 »

547 *bis*. *Charles-Louis et Marie-Louise*. Ecu, 1807. *TB.* 10 »

548 — *Léopold II*. Florin d'argent, 1843. *FDC.* 3 »

549 — — 5 quattrini, 1830. *TB.* 1 »

550 — *J.Ch. Rossi, dit le Père Marc*, carmélite. Méd. de Selvi. 1748. Son buste, à dr. ℞. Personnages se désaltérant aux sources jaillissant d'une montagne surmontée de l'Agneau pascal (Maz. tab. 199. 1). Br. 83 mm. *TB.* 20 »

551 Frinco. Seizain au dauphin couronné. *B.* 3 »

552 Gênes. Denier au châtel. *B.* 1 »

553 — *Thomas Campofrigoso*. Ecu d'or. *TB.* 28 »

554 — *J.-B. Gentil*. Double écu d'or, 1578. *FDC.* 38 »

555 — Ecu, 1631. *TB.* 15 »

556 — Pièce de 24 ducats, 1656. *FDC.* 470 »

557 — Genovino, 1656. *TB.* 3 »

557 *bis*. — Bombardement de la ville par les Français, 1684. Br. *TB.* 3 »

558 — Petites pièces d'arg. de 1738. Types variés. Selon la conservation. 1 à 2 »

559 — Ecu, 1793, au St-Jean debout. *B.* 10 »

560 — 2 lire, 1794, au St-Jean debout. *FDC.* 5 »

561 — 1 lire, 1794, au St-Jean debout. *TB.* 2 »

562 — 10 soldi, 1793, 1794 et 1799. *B.* à 1 »

563 — 5 soldi, 1796, à la Vierge. *FDC.* 2 »

564 — Quattro, 1796. *FDC.* 1 »

565 Guastalla. Pièce de 3 kreuzer, 1619. Trouée. *B.* 2 »

566 LUCQUES. *Félix et Elise Bonaparte*. 5 francs. Dates variées. *B*. à 5 »

566 *bis*. — *Félix et Elise Bonaparte*. Lire. Dates variées. *B*. à 1 50

567 — *Ch.-Louis de Bourbon*. 2 lire, 1837. *TB*. 2 50

568 — — Soldo, 1826. *TB*. 1 »

568 *bis*. MALTE. Prise de M., 1565. Jeton (Dugn. 2404). Cuiv. *B*. 2 »

569 MANTOUE. *François II Gonzague*. Sequin. Buste, à g. ℞. Creuset enflammé (C. Rossi 2032). *TB*. 80 »

570 — *Frédéric II*. Ecu d'or au Christ devant la croix. *TB*. 45 »

571 *Ferdinand*. Buste du duc, à dr. ℞. Ecu couronné. Pièce de 4 sequins. *FDC*. 120 »

572 — *Ferdinand*. Buste du duc-cardinal, à g. ℞. NIHIL ISTO TRISTE RECEPTO. Tabernacle soutenu par deux anges; à l'exergue, MDCXIIII. Pièce de 4 sequins relative à l'ordre de la Rédemption. *TB*. 130 »

573 — *Charles I*. Sol du siège de 1629 (C. Rossi, 2139 var.). *TB*. 10 »

574 — *Charles VI d'Autriche*. Soldone, 1732. *TB*. 2 »

575 — Occupation française. 5 sols, 1799. *TB*. 4 »

576 — Occupation française. Sol, 1799. *B*. 2 »

577 MESSERANO. *Besso Ferrero*. Blanc, 1572. *B*. 6 »

578 — — Liard, 1577, et s. d. *B*. à 3 »

579 MILAN. Gros au St-Ambroise. *FDC*. 4 »

580 — *Philippe-Marie Visconti*. Denier. *B*. 1 50

581 — *François I Sforza, et son fils, Galeazzo-Maria*. Méd. d'Enzola, 1459 (Arm. I, 44. 7). Br. 43 mm. *TB*. 60 »

582 — *Galeazzo-Maria Sforza*. Teston (C. Rossi 2473). *TB*. 18 »

583 — *Galeazzo-Maria Sforza*. Gros au St-Ambroise, à cheval. *B*. 6 »

584 — *Louis-Maria Sforza* Teston (C. Rossi 2494). *FDC*. 30 »

585 — *Louis XII, roi de France.* Gros. *TB.* 16 »
586 — — Bisonne. Guivre et pallium. *B.* 13 »
587 — *Louis XII, roi de France.* Bisonne. Guivre et écu. *B.* 7 »
588 — *Louis XII, roi de France.* Demi-parpaïole. *B.* 6 »
589 — — Patard. *TB.* 4 »
590 — *François I, roi de France.* Ecu d'or. *TB.* 60 »
591 — *Philippe II, roi d'Espagne.* Ecu d'or à la tête couronnée, à g. (C. Rossi 2551). *FDC.* 30 »
592 — *Philippe II, roi d'Espagne.* Teston, 1592. Buste, à dr., et écu couronné. *FDC.* 30 »
593 — *Marie-Thérèse d'Autriche.* Demi-sol, 1779. *TB.* 1 »
593 *bis.* — *Rép. Cisalpine.* Méd., 1802. La Consulte ital. à Lyon. 59 gr. *FDC.* 30 »
593 *ter.* — Bataille de Marengo, 1800. Méd. au buste de Bonaparte. Br. *FDC.* 5 »
594 — *Napoléon I.* 20 francs, an 10. *TB.* 25 »
595 — — 2 lire, 1807. *TB.* 3 »
596 — — 5 soldi, 1810 et 1812. *TB.* à 0 50
597 — — Soldo et 10 centesimi. Dates variées. *TB.* à 0 50
597 *bis.* *Eugène-Napoléon, vice-roi d'Italie.* Plaquette de Liénard. Cuiv. *FDC.* 8 »
598 MIRANDOLE. *Louis II Pico.* Ecu d'or (C. Rossi 2692). *TB.* 28 »
599 MONACO. *Antoine I.* 8 deniers, 1720. *B.* 5 »
600 — *Henri V.* Décime et 5 centimes. *TB.* à 1 »
601 MONTALCINO. *Henri II, roi de France.* Parpaïole, 1557, à la louve. *TB.* 20 »
602 MUSOCCO. *Jean-Jacques Trivulzio.* Gros au Saint-Georges. *B.* 8 »
603 PARME. *Odoardo Farnèse.* Seizain au St-Hilaire. *B.* 2 »
604 — *Ferdinand de Bourbon.* 5 tornesi, 1798. *B.* 2 »
605 — *Marie-Louise d'Autriche.* 40 lire, 1815. *FDC.* 45 »
606 — — 5 lire. Dates variées. *B.* à 5 50
607 PESARO. *Constance Sforza.* Son buste, à g. ℞. Vue

du château fort de Pesaro. Méd., s. d. (Arm. II, 68. 37). Br. 31 mm. *TB.* 30 »

608 Pérouse. Denier au St-Herculanus. *B.* 2 »

609 Pise. Gros et demi-gros au titre de l'emp. Frédéric. *B.* à 1 50

610 Plaisance. Obole au titre de Conrad. *B.* 1 »

611 — *Alexandre Farnèse.* Buste du duc, à g. ℞. PLACENTIA FLORET. Louve devant une plante couronnée. Pièce de 4 sequins. *TB.* 120 »

612 — *Ferdinand I de Bourbon.* 10 soldi, 1787, au St-Antoine à cheval. *B.* 2 »

613 Rimini. *Sigismond-Pandolphe Malatesta.* Son buste, à g. ℞. PONTIFICII EXERCITVS IMP. M CCCCXLVII. Bras tenant une poignée de palmes (Arm. I, 21. 18). 32 mm. *B.* 30 »

614 Rome. *Etienne X.* Méd. de Hamerani. Etain. *TB.* 2 »

615 — Sénat romain. Demi-gros au lion, à g. *B.* 6 »

616 — *Martin V.* Denier. *B.* 2 »

617 — *Eugène IV.* Denier à l'écu surmonté de la tiare et à l'A accosté de trois globules. *TB.* 5 »

618 — *Nicolas V.* Sequin. Saint Pierre debout (C. Rossi 3827). *TB.* 25 »

619 — *Calixte III.* Sequin. Saint Pierre tenant une croix, dans la barque (C. Rossi 3832). *TB.* 120 »

620 — *Paul II.* Sequin. Saints Pierre et Paul debout (C. Rossi 3846). *FDC.* 70 »

621 — *Paul II.* Méd. coulée. Br. *B.* 3 »

622 — *Innocent VIII.* Sequin. Saint Pierre dans la barque, tenant le filet (C. Rossi 3866). *TB.* 32 »

623 — *Alexandre VI.* Sequin de Bologne. Saint Pierre debout, entre deux écus (C. Rossi 416). *B.* 50 »

624 — *Jules II.* Sequin. Saint Pierre et saint Paul dans la barque (C. Rossi 3882). *TB.* 35 »

625 — *Léon X.* Sequin. Saint Pierre et saint Paul debout (C. Rossi 3901). *TB.* 45 »

626 — *Léon X.* Sequin. Saint Pierre dans la barque (C. Rossi 3902). *FDC.* 60 »

627 — *Adrien VI*. Sequin. Saint Pierre dans la barque (C. Rossi 3923). *FDC*. 150 »

628 — *Clément VII*. Double sequin. Saint Pierre dans la barque (C. Rossi 3929). *FDC*. 130 »

629 — *Clément VII*. Sequin. Même type (C. Rossi 3932). *FDC*. 28 »

630 — *Paul III*. Double sequin. Buste du pape et saint Pierre dans la barque (C. Rossi 3949). *FDC*. 140 »

631 — *Paul III*. Ecu d'or. Saint Pierre dans la barque. *FDC*. 30 »

632 — *Sixte V*. Teston à la Religion debout. *B*. 7 50

633 — *Clément XI*. Méd. de saint Urbain, 1706. Br. *TB*. 4 »

634 — *Clément XII*. Méd. de Hamerani, 1734. Vue d'un château fort construit dans la mer. Br. *TB*. 10 »

635 — *Benoît XIV*. Demi-gros au buste de saint Pierre. *B*. 1 50

636 — *Benoît XIV*. Demi-baiocco de Ferrare, 1746. *B*. 1 50

637 — *Pie VI*. Méd., 1796. Clergé français. Br. *TB*. 4 »

638 — — 5 baiocchi, 1797, de San Severino. *B*. 2 50

639 — *Pie VII*. Baiocco et demi-baiocco, 1801 et 1802. *B*. à 1 »

639 *bis*. — Rome unie à la France, 1809. Br. *FDC*. 5 »

640 — Siège vacant. Demi-écu, 1823. *FDC*. 8 »

641 — *Pie VIII*. Baiocco, 1829. *FDC*. 1 »

642 — République. 3 baiocchi, 1849. *TB*. 1 50

643 — *Pie IX*. 5 baiocchi fr. à Bologne, 1858. *B*. 1 »

643 *bis*. — *Pi* re, 1870. *TB*. 10 »

644 — *Pie IX*. 5, 2 et 1 baiocchi et quattrino. Dates variées. *FDC*. à 0 50

645 — *Pie IX*. Méd. de Cerbara. Arc de triomphe, 1846. Br. *TB*. 4 »

646 — *Pie IX*. Méd. militaire, 1848. Br. *TB*. 3 »

647 — — Méd. de Cerbara, 1849. Droit municipal. 33 gr. *FDC*. 10 »

648 — *Pie IX*. Méd. au buste de la Vierge, 8 gr. *FDC*. 2 50

649 — BENE MERENTI dans une couronne. 8 gr. *FDC.* 3 »
650 Sabloneta. *Vespasien de Gonzague.* Gros. *B.* 5 »
651 — — Liard. *B.* 1 50
652 Savoie. *Amédée V.* Gros du Piémont. *TB.* 10 »
653 — *Amédée IX, dit le Bienheureux.* Méd. du XVIIe siècle. Br. *TB.* 30 »
654 — *Charles I.* Teston frappé à Cornavin. *B.* 25 »
654 *bis.* — *Louise de Savoie, duchesse d'Angoulême.* Jeton, s. d. Cuiv. *TB.* 30 »
655 — *Charles II.* Cornu au St-Maurice à cheval. *TB.* 6 »
656 — *Emmanuel-Philibert.* Lire, 1573, fr. à Turin. *B.* 8 »
657 — — Jeton de la Chambre des comptes, 1566. Cuiv. *B.* 25 »
658 — *Marguerite de France, épouse du précédent.* Plaquette ancienne en étain. *B.* 40 »
658 *bis.* — La même, *duchesse de Berry.* Jeton, s. d., au bouclier, à la tête de la Méduse. Cuiv. *B.* 15 »
659 — *Charles-Emmanuel I.* Ecu d'or, 1601, à la Vierge. *B.* 16 »
660 — *Charles-Emmanuel I.* Ducaton fr. à Turin, 1590. *TB.* 28 »
661 — *Charles-Emmanuel I.* Jeton, 1567, au buste et au sarcophage. Cuiv. *B.* 15 »
662 — *Charles-Emmanuel I.* Méd. au buste et au centaure sagittaire. Br. doré. 38 mm. *AB.* 15 »
663 — *François-Hyacinthe et Christine de France, régente.* Méd., 1638. Br. 60 mm. *TB.* 50 »
664 — *Victor-Amédée II.* Pacification de la Savoie, 1696. Méd. de Mauger à la tête de Louis XIV. 31 gr. *FDC.* 15 »
665 — *Victor-Amédée II.* Levée du siège de Turin, 1706. 30 gr. *FDC.* 20 »
666 — *Charles-Emmanuel III.* Sequin, 1754, à l'Annonciation. *TB.* 30 »
667 — *Charles-Emmanuel III.* Petit écu, 1755. *B.* 7 »
668 — — Lire, 1742. *TB.* 2 »
669 — — Expédition d'Alexandrie. Méd., 1746. Br. 31 mm. *TB.* 3 »

670 — *Charles-Emmanuel III.* Mariage de Victor-Amédée et de Marie-Antoinette de Bourbon, 1750. Méd. de Lavy. Br. 48 mm. *B.* 4 »
671 — *Charles-Emmanuel III.* Mariage de Louis-Stanislas, comte de Provence, et de Josèphe de Savoie, 1771. Méd. de Lavy. Br. 49 mm. *TB.* 8 »
672 — *Vict.-Amédée III.* Quart d'écu, 1787. *B.* 2 »
673 — — 7 sols 6 deniers, 1793. *FDC.* 2 »
674 — — Mariage de Marie-Thérèse avec le comte d'Artois, 1773. Méd. de Lavy. Br. 49 mm. *TB.* 8 »
675 — *Vict.-Amédée III.* Même évènement. Méd. de Duvivier. 30 gr. *TB.* 15 »
676 — *Vict.-Amédée III.* Mariage de Ch.-Emmanuel avec Marie-Clotilde de France, 1775. Méd. de Lavy. Br. argenté. 46 mm. *TB.* 10 »
677 — Mariage de Victor-Emmanuel avec Marie-Thérèse d'Autriche, 1789. 46 gr. 46 mm. *TB.* 25 »
678 — *Victor-Emmanuel I.* 5 lire, 1817. *TB.* 6 »
679 — *Charles-Félix.* 2 lire, 1827. *TB.* 2 »
680 — — 50 cent., 1825 et 1827. *TB.* à 0 75
681 — — Prise de Cadix (Trocadéro), p. le prince de Carignan, 1823. Br. *TB.* 3 »
682 — *Charles-Félix.* Visite de la Monnaie de Paris, p. le prince de Carignan, 1824. Br. *TB.* 3 »
683 Sicile. *Roger I.* Follaro. *B.* 1 50
684 — *Roger II.* Demi-follaro. *B.* 2 »
685 — *Guillaume II.* Follaro à la tête de lion et au palmier. *B.* 2 »
686 — *Tancrède.* Follaro. *B.* 1 50
687 — *Charles II.* Salut d'argent. *B.* 2 » *TB.* 4 »
688 — *Louis.* Carlin. *FDC.* 15 »
689 — *Constance et Pierre.* Carlin. *TB.* 3 »
690 — *Jeanne.* Franc à pied d'or, p. la Provence. *TB.* 30 »
691 — *Jean II.* Carlin. *B.* 5 »
692 — *René I.* Petit carlin. *B.* 5 »
693 — *Alphonse I d'Aragon.* Ducaton d'or. *FDC.* 65 »
694 — *Alphonse I.* Gros. *B.* 3 »

695 — *Ferdinand I.* Carlin au roi assis. *TB.* 15 »

696 — — Carlin au buste du roi. *TB.* 7 »

697 — *Frédéric III.* Ducat au buste, à dr. (C. Rossi 2928). *TB.* 160 »

698 — *Ferdinand et Elisabeth.* Carlin. *TB.* 4 »

699 — *Charles-Quint.* Ducat à la tête laurée, à dr. *TB.* 28 »

700 — — Demi-ducat, 1544. Croix entre une couronne et la Toison d'or. *TB.* 35 »

701 — *Charles-Quint.* Demi-écu au buste. *FDC.* 28 »

702 — — Carlin. Buste et légende (C. Rossi 2976). *TB.* 15 »

703 — *Charles-Quint.* Carlin. Buste radié et femme debout, à g. *B.* 10 »

704 — *Philippe II.* Demi-écu, 1560. *B.* 6 »

705 — *Henri II de Lorraine-Guise.* Carlin au St-Janvier. *B.* 10 »

706 — *Henri II de Lorraine-Guise.* 2 tornesi. *B.* 5 »

707 — *Philippe V.* Son entrée à Naples, 1702. Jeton en cuiv. *TB.* 4 »

708 — *Marie-Caroline d'Autriche.* Méd. de Weber. Br. *TB.* 10 »

708 *bis.* — *Ferdinand I.* Triple écu, 1785. Phénix sur un bûcher. *TB.* 40 »

709 — République. Ecu, 1799. *B.* 12 »

710 — — 6 tornesi. *B.* 5 »

711 — *Joachim Murat.* 40 lire, 1813. *TB.* 45 »

711 *bis.* — — 20 lire, 1813. *TB.* 26 »

712 — — 5 lire, 1813. *TB.* 9 »

713 — — 2 lire, 1813. *B.* 2 50

714 — — Lire, 1812. *B.* 1 50

715 — — 2 grana, 1810. *B.* 3 »

716 — — Plaquette (de Liénard). Cuiv. 50 mm. *FDC.* 8 »

717 — *Joachim Murat.* Plaquette (de Liénard). Cuiv. 45 mm. *FDC.* 6 »

718 — *Joachim Murat.* Plaquette (de Paroy), 1809. *B.* 3 »

719 — *Caroline Bonaparte.* Plaquette (de Liénard). Cuiv. 45 mm. *FDC.* 7 »

720 — *Ferdinand I.* 5 tornesi, 1819. *TB.* 1

721 — *François I.* 1 et 2 tornesi. *TB.* à 0 75
Voir au n° 65.

722 — *Ferdinand II.* Piastre. *TB.* 6 »

723 — — 2 et un demi-tornesi. *B.* à 0 50

724 Sienne. Denier à l'A. *TB.* 5 »

725 Tortona. Denier au nom de l'empereur Frédéric. *B.* 4 »

726 Trino. Prise de Trino et de Pont de Stura. Jeton de Dollin, 1643. Cuiv. *TB.* 2 »

727 Urbino. *Fr.-Marie I delle Rovere.* Sequin (C. Rossi 4922 *bis*). *TB.* 170 »

728 Venise. *Seb. Ziani.* Obole. *TB.* 1 50

729 — *Pierre Ziani.* Matapan. *FDC.* 3 »

730 — L'ordre rétabli par Cocastellio, 1799. Méd. de Salvirch. Br. *FDC.* 9 »

731 *Bartolini* (*L.*), sculpteur. Méd. de Bartolucci. Br. *TB.* 3 50

732 *Buonarroti* (*Michel-Ange*). Méd. de Hérard, 1673. Br. *TB.* 5 »

733 *Bouvard* (*A.*), astronome. Méd. de Borrel, 1842 (Kl. I, p. 149). Br. *FDC.* 5 »

734 *Canova* (*A.*), sculpteur. Méd. de Putinati (Kl. I, p. 182). Br. *TB.* 3 »

735 *Carpini* (*Ulric et Gaspard*), cardinaux. Méd., 1675. Br. *TB.* 15 »

736 *Chio* (*V.*), médecin et oméopathe. Méd., 1846. Br. *FDC.* 5 »

737 *Consalvi* (*H.*), cardinal. Méd. de Cerbara, 1824. Br. *FDC.* 3 50

738 *Farnèse* (*Alex.*), cardinal. Méd. de Melon, 1575. Br. 48 mm. *TB.* 40 »

739 *Promis* (*D.*), numismatiste et conservateur du cabinet royal de Turin. Méd. 1874. Br. *FDC.* 8 »

740 *Vallaurio* (*Th.*). Méd. de Restelli, 1873. Br. *FDC.* 6 »

741 *Zeno* (*A.*), littérateur et numismatiste. Méd. à son buste, 1733 (Dur., p. 225). Br. *TB.* 10 »

PAYS-BAS

742 Brabant. *Henri I*. Esterlin d'Herstal. *B*. 6 »
743 — *Jean II*. Esterlin de Bruxelles. *TB*. 1 25
744 — *Jean III*. Esterlin de Halen. *B*. 3 »
745 — *Jeanne et Wenceslas*. Ecu d'or au St-Pierre (Coster 265). *FDC*. 30 »
746 — *Philippe le Beau*. Toison d'arg. et double patard. *B*. à 2 »
747 — *François d'Anjou, duc d'Alençon*. Demi-écu, 1582. *B*. 38 »
748 — *Albert et Isabelle*. Souverain d'or aux bustes, en regard. *FDC*. 35 »
749 — *Albert et Isabelle*. Patagon, 1618. *B*. 9 »
750 — *Philippe IV*. Double souverain d'or, 1635, fr. à Bruxelles. *FDC*. 50 »
751 — *Charles II*. Double ducaton, 1670. *TB*. 50 »
752 — — Escalin. *B*. 1 50
753 — *Philippe V*. 2 liards, 1709. *TB*. 1 »
754 — *Marie-Thérèse*. Double escalin et escalin. *B*. à 1 50
755 — *François II*. Méd., 1794. Son arrivée. 26 gr. *FDC*. 10 »
756 Limbourg. *Charles le Téméraire*. Gros, 1475. *B*. 3 »
756 *bis*. Malines (Archevêché). *Alph. de Berghes*, primat de Belgique. Jeton, 1689. Sa mort (Dugn. 4564). Cuiv. *TB*. 8 »
757 Flandre. *Louis de Male*. Double gros au lion heaumé. *TB*. 5 »
758 — *Louis de Male*. Gros au lion heaumé. *B*. 2 »
759 — *Philippe le Hardi*. Double gros aux deux écus. *TB*. 5 »
760 — — Double gros au lion. *B*. 3 »
761 — — Gros au lion. *TB*. 3 »
762 — *Jean sans Peur*. Double gros aux deux écus. *B*. 3 »
763 — *Philippe le Bon*. Double gros. *TB*. 2 »
764 — *Marie de Bourgogne*. Quart de gros. *B*. 1 »

765 — *Philippe le Beau*, majorité. Florin d'or au St-Philippe (Desch. 71). *TB.* 60 »
766 — *Charles-Quint*, minorité. Florin d'or au Saint-Philippe (Desch., pl. 1.2). *TB.* 25 »
767 — *Philippe II*. Réal d'or au buste couronné (Heiss 94). *TB.* 38 »
768 — *François d'Anjou, duc d'Alençon*. Liard au buste. *B.* 1 50
769 — *François d'Anjou, duc d'Alençon*. Pièce de 6 mites, 1582, Gand. *B.* 2 »
770 — *François d'Anjou, duc d'Alençon*. Jeton, s. d. (1581). Ecu et Soleil levant. Cuiv. *TB.* 6 »
771 — *François d'Anjou, duc d'Alençon*. Jeton, 1582 (Dugn. 2880). Cuiv. *TB.* 5 »
772 — *François d'Anjou, duc d'Alençon*. Jeton, 1583, à son buste et au duc à cheval (Dugn. 2958). Cuiv. *TB.* 4 »
773 — *Albert et Isabelle*. Double souverain d'or, 1613. Les archiducs assis, de face, sur un trône. *FDC.* 125 »
774 — *Albert et Isabelle*. Pièce de 2 ducats aux bustes, en regard, fr. à Tournay. *FDC.* 35 »
775 — La Flandre subjuguée, 1677. Jeton en cuiv. *B.* 1 »
776 — *Marie-Thérèse*. Souverain d'or, 1750. *B.* 20 »
776 *bis*. Liège (Evêché). Siège vacant, 1744. Ducat au buste de saint Lambert. *FDC.* 30 »
777 Provinces-Unies. Hollande. Double ducaton, 1674. *FDC.* 35 »
778 — Double ducat, 1764. Or. *FDC.* 35 »
779 — Westfriese. Florin d'or, 1588 et 1591. *B.* à 13 »
780 — Double ducaton, 1666. *FDC.* 35 »
781 — Demi-ducaton, 1685. *B.* 4 »
782 — Utrecht. Grand cavalier d'or, 1619. *FDC.* 65 »
783 — Florin d'argent. *B.* 3 »
784 — Ducat, 1765. *TB.* 14 »
785 — Zélande. Double ducaton, 1687. *FDC.* 30 »
786 — 14 florins d'or, 1761. *FDC.* 45 »
787 — 14 florins d'or, 1778. *FDC.* 50 »
788 — Sou, 1785. *TB.* 0 75

789 — Jeton, 1593, aux armes de Zélande et à un homme se tenant en équilibre sur une boule (Dugn. 3328). Æ. *FDC.* 8 »
790 Luxembourg. *Charles IV.* Florin d'or. *TB.* 20 »
791 — *Wenceslas I.* Esterlin. *B.* 1 50
792 — *Elisabeth de Goerlitz.* Lewekin de billon. *TB.* 8 »
793 — *Philippe IV.* Demi-sou, 1632. *B.* 3 »
794 — *Marie-Thérèse.* Liard, 1759. — *Joseph II.* Sol, 1786, et demi-liard. — *Léopold II.* Sol, 1790. *B.* à 1 »
795 — Prise de la ville de Luxembourg, en 1684, par les Français. Br. 2 méd. variées. *TB.* à 4 »
796 — Prise de la ville de Thionville, en 1643. Méd. au buste de Louis XIV. Br. 73 mm. *FDC.* 9 »
797 — Autre médaille plus petite. Br. 52 mm. *FDC.* 6 »
798 — Autre médaille plus petite. Br. 41 mm. *FDC.* 4 »
799 — Jeton au même type. *B.* 1 50
799 *bis.* — Siège de 1795. Ecu d'argent. *TB.* 12 »
800 Gueldre. *Arnold.* Double gros aux deux écus sous un heaume. *TB.* 4 »
801 Batenbourg. Gros au buste de saint Victor. *B.* 15 »
802 Vianen. *Henri de Brèderode.* Ecu, s. d. *TB.* 18 »
803 Berg. *Guillaume IV.* Ecu, 1578, au buste cuirassé, à dr. *TB.* 20 »
804 — *Herm.-Frédéric.* Florin d'or au type messin. *TB.* 35 »
805 Reckheim. *Jean.* Angevine au type messin. *B.* 5 »
806 — *Guillaume de Sombreffe.* Denier et obole. *B.* à 2 »
807 Hollande (Royaume). *Louis-Napoléon.* Ducat, 1809 et 1810. *TB.* à 15 »
808 — Ecu à 50 st., 1807, signé George. *TB.* 20 »
809 — Ecu à 50 st., 1808. *TB.* 9 »
810 — Demi-florin à 10 st., 1809. *FDC.* 12 »
811 — Plaquette de Liénard. Cuiv. 48 mm. *FDC.* 7 »
Voir aussi sous Java, n° 1103.
812 — *Guillaume I.* Florin, 1829 et 1832. *FDC.* à 2 50
813 Anvers. Chambre de commerce, 1809. Méd. au buste de Napoléon I. 15 gr. *TB.* 6 »

814 BOIS-LE-DUC. Jeton, 1776. Jubilé du gouverneur, le duc de Brunswick. Æ. *TB.* 3 »

815 CHARLEROY. *Charles II.* Jeton, 1667. Æ. *FDC.* 15 »

816 DEVENTER. Siège de 1578. Sol contrem. d'un aigle. *TB.* 2 »

817. EMMERICH. Passage du Rhin, près du fort de Schenck, en 1672, par Louis XIV (V. Loon III, 53 var.) Br. 73 mm. *TB.* 25 »

817 *bis.* GAND. Centime, 1833. Monnaie fictive. *B.* 1 »

818 LEYDE. Siège de 1574. Pièce en papier contrem. d'un lion. *TB.* 5 »

819 MAESTRICHT. Siège de 1579. 2 et 16 sols. *B.* à 1 50

820 MONS. Méd. gravée. Prix d'école, 1793. 20 gr. *TB.* 15 »

821 NAMUR. Prise de la ville, 1692. Jeton en cuiv. *B.* 1 25

822 NIMÈGUE. Méreau, 1580, contrem. d'un 7. Æ. *B.* 5 »

823 — Louis XIV galopant devant la ville. Méd. de Hamerani. 1673 (v. Loon III, 87). Br. doré. *B.* 10 »

824 STEINKERQUE. Victoire du maréchal de Luxembourg sur les alliés, 1692. Br. *TB.* 4 »

825 TERMONDE. Méreau, 1513. Cuiv. *Fr.* 2 »

826 TURNHOUT. Défaite des Espagnols. 1597. Jeton en cuiv. (Dugn. 3412.) *B.* 2 »

827 VERVIES. Jeton au St-Remacle. Cuiv. *TB.* 1 50

828 YPRES. Prise de la ville par les Français, 1648. Br. (Mauger.) *TB.* 3 »

829 — Jeton, 1720, au buste de l'emp. Charles VII. Æ. *TB.* 6 »

830 *Chalon (R.)*, numismatiste. Méd., 1866. Br. 58 mm. *FDC.* 5 »

831 — Visite de la Soc. roy. de numismatique belge à Lille, 1882. Br. 2 var. *FDC.* à 2 »

832 *Cocheteux*, général et numismatiste. Jeton à la tour de Tournay. *FDC.* 3 »

833 *Croy (Philippe de), duc d'Arschot et de Porcien, et prince de Chimay.* Jeton à son buste et à ses armes. Cuiv. *B.* 5 »

834 *Evertsen (Corn.)*, amiral. Méd., 1666. Sa mort et

défaite de la flotte anglaise (v. Loon II, 529). Br. 79 mm. *TB.* 25 »

835 *Frère-Orban*, ministre des finances. Méd., 1860. Polymnie. Br. *FDC.* 3 »

836 *Gavre (Ch.-Emm., prince de)*. Jeton, 1760. Etats de Namur. Æ. *FDC.* 8 »

837 *Henin (M. de), comte de Boussu*, gouverneur d'Utrecht. Jeton, 1568, à ses armes et à celles de Werchin. Cuiv. *B.* 8 »

838 *Herry de Cocquéau (F.)*, numismatiste. Jeton à ses armes. Cuiv. *FDC.* 3 »

839 *Jacquin (N.-J.)*, botaniste. Méd. coulée et ciselée. Sa mort, 1817. Br. 65 mm. *TB.* 15 »

840 *Legris, dite Clairon de la Tude*, célèbre tragédienne, née en Flandre. Méd. de Jungberger, 1764. Br. 45 mm. *TB.* 15 »

841 *Lohse (M.-H.)*, directeur de la Monnaie de Gueldre. Méd., 1782. 31 gr. *TB.* 20 »

842 *Maillet (P.)*, numismatiste. Jeton, 1879. Tournai. Cuiv. *FDC.* 4 »

842 *bis. Méan (J.-F. de)*, doyen de Liège. Jeton, 1693 (Dugn. 4594). Cuiv. *TB.* 10 »

843 *Peereboom (A. van den)*, numismatiste. Jeton, s. d. (1878). Cuiv. *FDC.* 3 »

844 *Sévillatt (Fr. de)*, numismatiste. Jeton à son monogramme. Br. *FDC.* 2 »

845 *Schodt (A. de)*, numismatiste. Jeton aux armes de Ph. de Saxe-Cobourg-Gotha, 1884. Br. *FDC.* 3 »

846 *Surmont de Volsberghe (Baron)*, numismatiste. Jeton à ses armes. Cuiv. *FDC.* 3 »

847 *Vandijk van Matenesse (P.-J.)*, numismatiste. Jeton à ses armes, 1866. Br. *FDC.* 4 »

848 Méd. ciselée du XVIIe siècle, relative au mariage. Junon et Lede. 63 gr. 65 mm. *TB.* 25 »

POLOGNE

849 *Alexandre*. Denier, p. la Lithuanie. *B.* 5 »

850 *Henri III et Louise de Lorraine.* Méd. à leurs bustes. 34 gr. *FDC.* 20 »

851 *Henri III et Louise de Lorraine.* Jetons variés en cuiv. *TB.* 1 à 2 »

852 *Jean-Casimir.* Ducat de Danzig, 1661. *TB.* 25 »

853 *Jean III Sobieski et Marie-Casim. de la Grange.* Méd. (de Höhn). Couronnement en 1676 (Cz. 2419). 36 gr. *FDC.* 60 »

854 *Stanislas Leszczynski.* Méd. de Reichel (Cz. 3439). 50 gr. *FDC.* 40 »

855 — Erection de la statue de Louis XV à Nancy, 1755. Méd. de Saint-Urbain (Cz. 2734). 66 gr. *TB.* 40 »

856 — La même méd. en bronze. *TB.* 4 »

857 — Mariage de Marie, sa fille, avec Louis XV, 1725. Jeton fr. par le comte de Rotenbourg, ambassadeur de France à Berlin. Æ. *TB.* 12 »

858 — Même événement à Fontainebleau, 1725. Jeton en arg. *B.* 6 »

859 — Même événement. Méd. de Duvivier, 1725. 12 gr. *B.* 6 »

860 — Jeton au buste de la reine, 1726. Æ. *TB.* 8 »

861 — Jetons, 1741 et 1755, de la maison de la reine. Æ. *TB.* à 6 »

862 — Emigrants de Salzbourg arrivant en Lithuanie. Méd. formant boîte. 12 gr. *B.* 15 »

863 *Fréd.-Auguste, duc de Varsovie.* 3 grosze, 1812. *B.* 1 50

864 *Zamosck.* Monnaie obsidionale de 2 zlote, 1813. *TB.* 8 »

865 *Alexandre I.* 5 zlote, 1829. *FDC.* 18 »

866 Insurrection de 1831. 5 zlote. *FDC.* 12 »

867 *Nicolas I.* Gros, 1839. *TB.* 1 »

868 Posen (Evêché). Denier au buste de saint Adalbert et au temple. *TB.* 12 »

869 Riga (Archevêché) et l'ordre teutonique en Livonie. + MON.ARC EPI.RIGE. Ecu. ℞. + MAGISTRI RICISPI. Ecu. Obole. *B.* 20 »

PORTUGAL

870 *Emmanuel I.* Tostao. *TB.* 8 »
871 *Jean III.* Tostao. *TB.* 6 »
872 *Jean V.* Jeton, 1715 *AB.* 2 »
873 *Joseph I.* Dobra de 2 escudos, 1775. Or. 8 gr. *FDC.* 30 »
874 — Huitième de peça, 1752. Or. 2 gr. *FDC.* 8 »
875 *Marie I et Pierre III.* Dobra de 4 escudos, 1784. Or. 14,5 gr. *FDC.* 55 »
876 *Marie I.* Dobra de 2 escudos, 1792. Or. 8 gr. *FDC.* 35 »
877 *Marie II.* 20 reis, 1851. *TB.* 1 »

RUSSIE

878 *Pierre le Grand.* Rouble, 1723. *B.* 8 »
879 — 3 copecks. Æ. *TB.* 6 »
880 — Copeck et demi-copeck. *TB.* à 3 »
881 — Méd. de Pingret. Br. *FDC.* 2 »
882 *Elisabeth.* 2 copecks et divisions. *B.* à 1 »
883 *Pierre II.* Rouble, 1762. *B.* 8 »
884 *Catherine II.* Rouble. *B.* 5 »
885 — 5 copecks et divisions. *B.* à 1 »
886 — Para, 1772, p. la Moldavie et la Valachie. *B.* 3 »
887 *Paul I.* 2 copecks, 1797. *TB.* 1 25
888 *Alexandre I.* 2 copecks, 1812. *TB.* 1 »
889 — 5 copecks, 1802. *FDC.* 3 »
890 — Méd. d'Andrieu. L'aigle franç. sur le Borysthène, 1812. Br. *FDC.* 6 »
891 — Méd. d'Andrieu. Retraite de Russie, 1812. Br. *FDC.* 6 »
892 — Méd. de Michaut. Aix, 1818. Br. *TB.* 2 50
893 *Nicolas I.* 3 roubles, 1829. Platine. *FDC.* 20 »
894 — 10 copecks, 1830. *FDC.* 5 »
895 — 5, 3, 2 et 1 copeck. *TB.* à 0 50
896 — Double abaze, 1828, p. la Géorgie. *TB.* 5 »
897 — Bataille de l'Alma. Méd. de Bovy. Br. 73 mm. *TB.* 15 »

898 — Campagne de Crimée. Méd. de Bainville. Br. 68 mm.	*TB.*		10 »
899 — Sa mort, 1855. Méd. de Montagny. Etain. 60 mm.	*TB.*		12 »
900 *Alexandre II.* 50 copecks, 1856.	*FDC.*		3 50
901 — 20 copecks. Dates variées.	*TB.*		1 »
902 — 10 copecks. Dates variées.	*TB.*		0 50
903 — Monnaies variées en cuiv.	*TB.*	à	0 25
904 *Betzkoy* (né à Stockholm), général. Méd. (de Jaeger), offerte de la part du Sénat, 1772 (Amp. 9307). Br. 65 mm.	*FDC.*		10 »

SUÈDE

905 *Eric XII.* Denier.	*B.*		1 50
906 *Gustave-Wasa.* Méd. Br.	*B.*		1 50
907 *Gust.-Adolphe.* Ecu, 1632. Augsbourg.	*TB.*		15 »
908 — Académie de musique d'Upsala. Br.	*TB.*		4 »
909 — Son monument à Lutzen, 1837. Méd. de Loos. Br.	*FDC.*		3 »
910 *Christine.* Ecu au Sauveur, 1643.	*FDC.*		15 »
911 — Demi-écu au Sauveur, 1640.	*AB.*		25 »
912 — Gros, 1648. Riga.	*B.*		3 »
913 *Charles XII.* Cinquième d'öre, 1716.	*B.*		1 »
914 Monnaie obsidionale d'un daler, 1718. Cuiv.	*TB.*		1 »
915 *Frédéric I.* Öre, 1732.	*B.*		1 »
916 *Gustave IV Adolphe.* Demi-skilling.	*B.*		1 »
917 *Charles XIII.* Douzième de skilling, 1812.	*FDC.*		1 »
918 *Charles IV Jean* (*Bernadotte*). Demi-écu species, 1831 et 1832.	*TB.*	à	5 »
919 — Sixième d'écu, 1829.	*FDC.*		1 50
920 — Ecu species, 1824, p. la Norvége.	*FDC.*		12 »
921 — Demi-écu species, 1827, p. la Norvége.	*FDC.*		6 »
922 — Quart d'écu species, 1834.	*TB.*		2 »
923 — Sixième d'écu species, 1832 et 1834.	*TB.*	à	1 50
924 — Seizième d'écu species, 1835.	*FDC.*		1 »
925 — 2 skilling, 1842. Bill.	*TB.*		1 »

926 — 2, 1 et demi-skilling, p. la Norvège. *B.* à 0 50
927 — 1, demi et quart de skilling, p. la Norvège. *B.* à 0 50
928 — 2, 1, deux tiers, un tiers et un sizième de skilling. Banco. *B.* à 0 50
929 — Sixième de skilling, 1830. *TB.* 0 50
930 — 1, demi, quart et sixième de skilling, 1832. *FDC.* à 0 75

SERBIE

931 *Etienne VIII.* Matapan. *TB.* 2 »
931 *bis. Georges Brenkovic.* Denier. *TB.* 4 »

SUISSE

932 Rep. Helvétique. Demi-batz, 1799. *B.* 0 30
933 Argovie. 5 batz, 1811 et 1826. *FDC.* à 2 50
934 — Batz, 1809. *B.* 1 »
935 — 5 rappen, 1829, et 1 rappen, 1811. *FDC.* à 1 »
936 Zofingue. Bractéate à la tête de face. *B.* 1 50
937 Appenzell. Batz et demi-batz, 1808 et 1816. *B.* à 0 75
938 Bale (Evêché). Bractéate à la tête mitrée, à g. *TB.* 1 »
939 — *Joseph de Roggenbach.* 24 kreuzer, 1788. *B.* 2 »
940 — — 12 kreuzer, 1787 et 1788. *B.* à 1 50
941 Bale. Bractéate à l'écu. *FDC.* 1 »
942 — Gros à la Vierge. *B.* 2 »
943 — Doublon, 1795. Or. *TB.* 50 »
944 — 3 batz, 1765. *FDC.* 3 »
945 — 3 batz, 1809. *FDC.* 1 50
946 — Rappen, s. d., et jeton de brasserie, 1843. *TB.* à 0 50
947 — 5 francs de tir, 1879. *TB.* 5 50
948 Berne. Plappart gothique. *B.* 2 »
949 — Batz et demi-batz, s. d. *B.* à 1 »
950 — 40 batz (écu de Louis XV et Louis XVI). *B.* à 8 »
951 — Batz, 1765 à 1826. *B.* à 0 30
952 — Demi-batz, 1774, et rappen, 1811. *FDC.* à 0 50
953 — Doublon, 1796. Or. *FDC.* 40 »

954 — Ecu, 1798. *TB.* 12 »
954 *bis.* — Demi-écu, 1796. *TB.* 6 »
955 — 5 batz, 1826. *FDC.* 2 »
956 — Ecu, 1818. *FDC.* 28 »
957 — *Musculus.* Jeton de Dassier. Br. *TB.* 3 50
958 Fribourg. Batz, 1631. *TB.* 2 »
959 — 14 et 7 kreuzer, 1788. *B.* à 1 50
960 — Demi-batz, 1740 à 1830; kreuzer, 1774 et 1787, et vierer, 1787. *TB.* à 0 50
960 *bis.* — 5 batz, 1828. *FDC.* 2 50
961 — 5 francs de tir, 1881. *TB.* 5 50
962 — Batz, 1840. Couvent des Jésuites. *TB.* 1 »
963 Glaris. 3 schilling, 1808. *B.* 1 »
964 Grisons. Demi-batz, 1842. *TB.* 2 »
965 Coire. Blutzger, 1708 et 1740. *TB.* à 0 50
966 Genève (Evêché). Denier à la tête de saint Pierre. *B.* 10 »
967 — (Maison de Genevois). *Pierre.* Demi-gros. *TB.* 18 »
968 — — Denier. *B.* 6 »
969 — ✠ POVR.VN.DENIER. Dans le champ, I. ℞. Armes de Genève. Cuiv. *TB.* 8 »
970 — 6 sols, p. les soldats, 1590. *TB.* 2 »
970 *bis.* — 6 deniers, 1702. *B.* 1 50
971 — Ecu, 1723. *B.* 9 »
972 — 6 deniers, 1765. *TB.* 1 »
973 — 6 sols, 1765 et 1776; 15 sols, 1794, et sol, 1785. *B.* à 1 50
974 — Sol, 1825 et 1833, et 6 deniers, 1817 et 1819. *FDC.* à 0 30
975 — 25 cent, 1839, 1844 et 1847. *TB.* à 0 50
976 — 10, 5, 4, 2 et 1 cent, 1839 à 1847. *TB.* à 0 25
977 — *Le comte de Lautrec.* Méd. de Dassier, 1738. Br. *TB.* 6 »
978 — Grande méd. de Dassier, dédiée à P. de la Closure, résident de France, 1739. Br. 68 mm. *TB.* 60 »
979 — Méd. de Bovy. Cinquantième anniv. de sa réunion à la Suisse, 1864. Br. *TB.* 3 »

980 — *Saint François de Sales*. Monastère de la Visitation, à Annecy, 1865. Br. *FDC*. 3 »
981 Lucerne. 5 batz, 1815. *B*. 1 50
982 — Demi-batz, 1795. *TB*. 1 »
983 — Prix d'école, s. d. HONOR LITTERARIÆ, etc. 17 gr. avec bélière. *TB*. 15 »
984 Neuchatel. *Marie d'Orléans, princesse de Longueville*. Jeton, 1645. Cuiv. *TB*. 12 »
985 — *Fréd.-Guill. II, roi de Prusse*. Batz et demi-batz. *B*. à 0 50
986 — *Alexandre Berthier*. Batz, 1806. *FDC*. 1 50
987 — Troisième jubilé de la Réforme, 1830. Méd. de Landry au buste de Guill. Farel. Br. *TB*. 3 50
988 Saint-Gall. Batz, demi-batz et bractée concave. *B*. à 0 50
989 Schaffhouse. Batz, 1808. *B*. 1 »
990 Schwytz. 4 batz, 1811. *TB*. 3 50
991 — Deux tiers de batz, 2 et 1 rappen et angster. *B*. à 0 50
992 Soleure. Denier à légende gothique. *B*. 1 50
993 — 5 batz, 1811. *TB*. 2 »
994 — Bractéate avec VRSVS. *B*. 1 »
995 — Tir fédéral, 1840. Jeton en cuiv. *B*. 1 50
996 Tessin. Demi-franc, 1835. *TB*. 3 »
997 — Quart de franc, 1835. *FDC*. 2 »
998 — 3 sols, 1813 et 1838. *TB*. à 0 50
999 — 5 francs de tir, 1883. *TB*. 6 »
1000 Vallais. Sion (Evêché). 12 et 6 kreuzer, 1777. *B*. à 1 »
1001 Lausanne (Evêché). Denier au temple. *TB*. 2 »
1002 — *Guill. de Challant*. Trésel. *AB*. 3 »
1003 — *Georges de Saluces*. Trésel. *B*. 5 »
1003 *bis*. — 5 francs de tir, 1876. *FDC*. 6 »
1004 Vaud. 5 batz, 1810, 1812, 1827 et 1828. *FDC*. à 2 50
1005 — Demi-batz, 1818, et rappe, 1807. *TB*. à 0 50
1006 Zoug. Schilling, 1784. *TB*. 1 »
1007 Zurich. Bractéate. *TB*. 2 »
1008 — Schilling, 1512. *B*. 2 »
1009 — Quart de ducat, 1677. *TB*. 5 »
1010 — 10 schilling, 1747. *B*. 2 »
1011 — 10 batz, 1812. *FDC*. 3 »

1012 — 8 batz, 1810. *FDC.* 4 »
1013 — 2 rappen, 1842. *FDC.* 0 50
1014 — 5 francs de tir, 1872. *TB.* 6 »
1015 *Dufour*, général. Méd. de Bovy, 1847. Br. *FDC.* 2 »

ORIENT LATIN

1016 ANTIOCHE. *Tancrède*. Monnaie de cuiv. *B.* 2 »
1017 — *Roger*. Monnaie de cuiv. *B.* 6 »
1018 — *Boémond IV*. Denier. *TB.* 2 »
1019 TRIPOLI. *Boémond VII*. Gros (Schl. IV, 21). *FDC.* 10 »
1020 JÉRUSALEM. *Baudouin*. Denier. *B.* 2 »
1021 CHYPRE. *Henri II*. Gros. *AB.* 5 »
1022 — Domination vénitienne. Monnaie de cuiv. 1570. *TB.* 4 »
1023 RHODES. Denier anonyme au châtel. *B.* 1 50
1024 — *Hélion de Villeneuve*. Gros (Schl. IX, 17). *TB.* 10 »
1025 — *Jean-Fern. de Heredia*. Gros. *B.* 8 »
1026 — *Pierre d'Aubusson*. Sequin d'or. *B.* 130 »
1027 ACHAÏE. *Philippe de Savoie*. Denier tournois. *B.* 4 »
1028 ATHÈNES. *Gui II*. Denier tournois. *TB.* 2 »
1029 ARMÉNIE. *Léon II*. Tram. Æ. *TB.* 5 »
1030 — — Tank. Cuiv. *TB.* 3 »
1031 — *Othon I*. Tank. Cuiv. *B.* 2 »

AFRIQUE

1032 EGYPTE. Piastre, demi et quart de piastre. *TB.* 10 »
1033 CANAL DE SUEZ. 20 cent, 1865. *TB.* 2 »
1034 Le canal ouvert à la navigation, 1869. Méd. d'O. Roty. 48 gr. *TB.* 35 »
1035 TRIPOLI. Ghersch. *TB.* 2 50
1036 TUNISIE. Monnaie carrée. Æ. *TB.* 2 »
1037 — Monnaie en cuiv. *TB.* 0 75
1038 — 15 francs, 1884. *FDC.* 18 »
1039 — 20 francs, 1891. *FDC.* 22 »
1040 — 10 francs, 1891. *FDC.* 11 »

1041 — 2 francs, 1891. *FDC.* 3 »
1042 — 1 franc, 1891. *FDC.* 2 75
1043 — 50 centimes, 1891. *FDC.* 1 »
1044 — 10 et 5 centimes, 1891. *FDC.* à 0 75
1045 — 2 et 1 centime, 1891. *FDC.* à 0 50
1046 Algérie. *Mustafa III.* Quart et huitième de boudjou. *TB.* à 1 »
1047 — *Abd el Hamid.* Quart et huitième de boudjou. *TB.* à 1 »
1048 — *Selim III.* Quart et huitième de boudjou. *TB.* à 1 »
1049 — *Mustafa IV.* Quart et huitième de boudjou. *TB.* à 1 »
1050 — — Réal-boudjou. *TB.* 1 50
1051 — *Mahmud II.* Quart et huitième de boudjou. *TB.* à 1 »
1052 — — Piastre. *TB.* 3 50
1053 — — Réal-boudjou. *TB.* 2 »
1054 — — Monnaie en cuiv. *FDC.* 1 »
1055 — *Louis-Philippe.* Méd. à son buste et à la lettre adressée au maréchal Bugeaud, 1844. Br. *FDC.* 6 »
1056 Maroc. Bombardement de Mogador, 1844. Méd. (de Caqué), au buste du prince de Joinville. Br. 53 mm. *FDC.* 6 »
1057 Madère. *Marie II de Portugal.* 10 reis, 1842 et 1852. *TB.* à 1 »
1058 Liberia. 2 cents et 1 cent, 1862. *B.* à 1 »
1059 Sierra-Leone. Penny, 1791. *FDC.* 3 »
1060 Côte d'Afrique. Jeton de la Soc. anglaise, dite des Amis des noirs, 1796. Cuiv. *AB.* 5 »
1061 — Méd., 1807. Le Parlement anglais abolit la traite des noirs. Br. *TB.* 3 »
1062 Grande Comore. 5 francs, 1890. *FDC.* 8 »
1063 — 10 et 5 centimes, 1890. *FDC.* à 1 »
1064 Ile Maurice. Pièces de 50 et 25 sous. Ensemble. *TB.* 5 »
1065 — 2 cent, 1883. *TB.* 1 »
1066 Ile de la Réunion. Sol, 1723. *TB.* 3 »
1067 Ile de France. Piastre Decaen, 1810. *TB.* 15 »

1068 ISLES DE FRANCE ET DE BOURBON. 3 sols, 1779. *FDC.* 2 »
1069 — *Louis XVIII.* 10 cent, 1816. *TB.* 1 »
1070 SAINTE-HELENE. Demi-penny, 1821. *TB.* 1 »
1071 — Demi-penny token. *TB.* 3 »

ASIE ET AUSTRALIE

1072 PERSE. Monnaie au lion surmontée du Soleil. Æ. *TB.* 5 »
1073 INDES. *Mysore.* Monnaies à l'éléphant. Cuiv. *B.* 1 »
1074 BENGALE. Roupie. *TB.* 3 »
1075 — Demi-anna, 1831. *B.* 1 »
1076 — Demi et quart d'anna, 1835. Compagnie des Indes. *B.* 1 »
1077 INDES ANGLAISES. *Victoria.* 2 annas, 1874 et 1886. *TB.* à 0 60
1078 — *Victoria.* Demi et quart d'anna. *B.* à 0 50
1879 — — Roupie, 1840. *TB.* 3 50
1080 BOMBAY. Pie, 1833. *FDC.* 1 »
1081 NEGAPATAM. Cash de la Compagnie orientale. *B.* 5 »
1082 PONDICHÉRY. Doudon, 1837. *B.* 2 »
1083 MADRAS. 20 et 5 cash, 1803. *TB.* à 1 »
1084 BIRMANIE. Monnaie en cuiv. *B.* 1 »
1085 STRAITS SETTLEMENTS. *Victoria.* 10 cent, 1878, et 1 cent, 1862 et 1875. *TB.* à 1 »
1086 CEYLAN. Demi-massa à l'idole. *B.* 3 »
1087 — *Victoria.* Demi-cent, 1870. *B.* 1 »
1088 CAMBODGE. *Norodom I.* 10 cent, 1860. Essai. *FDC.* 1 »
1089 INDO-CHINE. 50 cent, 1889. *FDC.* 3 »
1090 — 20 cent, 1889. *FDC.* 2 »
1091 — 10 cent, 1889. *FDC.* 1 »
1092 — 1 cent, 1885 et 1886. *TB.* à 0 75
1093 — 1 cent, 1889, et sapèque de demi-cent, 1889. *FDC.* à 1 »
1094 COCHINCHINE. 10 cent, 1879. *B.* 1 »
1095 ANNAM. Piastre. *TB.* 20 »

1096 — Méd. militaire. Expédition du Tonkin, 1883-1885. 15 gr. *FDC.* 6 »
1097 Hong-Kong. *Victoria.* Cent, 1879. *TB.* 1 »
1098 Chine. Piastre de Charles III d'Espagne, contremarquée. *B.* 5 »
1099 — Méd. milit. à la tête de Napoléon III. Expédition de 1860. 4 gr. *TB.* 4 »
1100 Japon. Ecu (Yen). *FDC.* 6 »
1100 *bis.* — Bu. *TB.* 3 »
1101 — 20, 10, 5 et 2 sen. Ensemble. *TB.* 5 »
1102 Java. Seizième et trente-deuxième de florin, 1805 et 1808. *B.* à 0 50
1103 — *Louis-Napoléon.* Doit et demi-stuiver. *B.* à 4 »
1104 — Demi-stuiver, 1811. *B.* 3 »
1105 — Demi-stuiver, 1825; quart de st., 1826; huitième de st., 1823; cent, 1837, et demi-cent, 1859. *B.* à 0 50
1106 — Méd. milit. Boni, 1859. Métal blanc avec ruban et diplôme, p. un soldat originaire de la Suisse. *TB.* 10 »
1107 Sumatra. Kepeng, 1786. *B.* 2 »
1108 — Campagne de Palembang. Méd. de Michaut, 1821. 34 gr. *FDC.* 15 »
1109 Bornéo. Cent, 1887. *TB.* 1 »
1110 Nouvelle-Zélande. Penny, 1871. *B.* 1 50

AMÉRIQUE

1111 Canada. Jeton de Louis XV, à l'Indien, 1751. Cuiv. *B.* 5 »
1112 — Jeton de Louis XV, à la galère, 1755. Cuiv. *TB.* 4 »
1113 — *Victoria.* 10 cent, 1874. *B.* 1 »
1114 — Ontario. Demi-penny (Bank token) au Saint-Georges, 1854. *TB.* 2 »
1115 — Montréal. 2 sous et sou, 1837. *B.* à 1 50
1116 — — Sou. Banque du peuple. *B.* 1 50
1117 — — Demi-penny, 1844. *B.* 1 »

1118 Nouvelle-Écosse. *Guillaume IV*. Penny et demi-penny. *B.* à 1 »

1119 — *Victoria*. Penny, 1856. *B.* 1 »

1120 Terre-Neuve. *Victoria*. 20 cents, 1865. *TB.* 2 »

1121 États-Unis. Cent, 1798 et 1802. *B.* à 4 »

1122 — Cent, 1810, 1831, 1838 et 1845. *TB.* à 1 »

1123 — 10 cents, 1831. *TB.* 1 50

1124 — Demi-penny. « Ships, colonies et commerce. » Cuiv. *TB.* 3 »

1125 — Demi-penny au buste de Wellington, 1812 et 1813. *B.* à 1 »

1125 *bis*. — Jetons, 1835. Merchants Exchange et 1837. Substitute for Shin Plasters. Cuiv. *B.* à 3 »

1126 — Liberté des mers. Paix de 1783 (traité de Versailles). Jeton de Gatteaux au buste de Louis XVI. Ꜳ. *TB.* 20 »

1127 — Défaite de la flotte anglaise, 1779. Méd. au buste de l'amiral Jones. Br. *TB.* 15 »

1128 — Jeton de la Soc. coloniale franco-américaine de Castorland, 1796. Ꜳ. *TB.* 55 »

1129 — *Franklin*. Méd. de Caqué. Br. *FDC.* 4 »

1130 — *Franklin et Montyon*. Méd. de Barre. Br. *FDC.* 1 50

1131 — *Lafayette*. Méd. variées. Selon la rareté et le module. *FDC.* 1 à 5 »

1132 Mexique. *Philippe IV*. 2 réaux, 1641. *B.* 2 »

1133 — *Philippe V*. Demi-pistole, 1741. *FDC.* 8 »

1134 — — Piastre, 1734. *FDC.* 7 »

1135 — *Ferdinand VI*. 2 réaux, 1758. *TB.* 2 »

1136 — *Charles III*. Piastre, 1787. *B.* 3 50

1136 *bis*. — *Charles III*. Piastre, 1786, contrem. du buste de Georges III, roi d'Angleterre. *B.* 20 »

1137 — *Charles III*. 2 réaux, 1763 et 1774. *FDC.* à 2 50

1138 — *Charles IV*. Piastre, 1807. *AB.* 3 50

1139 — — Demi-piastre, 1796. Statue équestre. *FDC.* 10 »

1140 — *Charles IV*. Proclamation, 1789. Son buste, à dr. ℞. EN · SU · EXALTACION · AL · TRONO, etc. Armoiries. 55 gr. *TB.* 25 »

1141 — *Charles IV*. Mêmes types, avec A·SU·PROCLAMACION, etc. 31 gr. *TB.* 20 »

1142 — *Charles IV*. 2 réaux de proclamation, 1789. *FDC.* 5 »

1143 — — Prise de Soria, 1789. 3,5 gr. *FDC.* 3 »

1144 — — Proclamation à Puebla de los Angeles, 1790. Piastre. *FDC.* 25 »

1145 — *Charles IV*. Même événement. Double réal. *TB.* 6 »

1146 — — Proclamation à Orizava, 1790. Demi-piastre. *FDC.* 15 »

1147 — *Ferdinand VII*. Piastre, 1819. *AB.* 8 »

1148 — — 2 quartos, 1816. Cuiv. *B.* 1 »

1149 — — Quart de réal, 1813. *FDC.* 1 50

1150 — — 2 réaux de proclamation, 1808. *FDC.* 4 »

1151 — *Ferdinand VII*. Méd. ovale (de Gordillo). Collège de Guadalajara. Son buste, à dr. ℞. TRIDENT · GUADALAX · COLLEG., etc. Deux personnages debout. 25 gr. *FDC.* 40 »

1152 — *Augustin I*. Piastre, 1822 et 1823. *TB.* à 6 »

1153 — *Maximilien*. Peso, 1866. *FDC.* 15 »

1154 — — Centavo, 1864. *FDC.* 1 50

1155 — — Méd. militaire, 1866, à la Vierge. 12 gr. *TB.* 6 »

1156 — *Maximilien*. Méd. militaire à la tête Nap. III. Expédition 1862-63. 15 gr. *FDC.* 6 »

1157 — *République*. 10 et 5 centavos, 1890. *TB.* à 1 »

1158 — Chihuahua. Quart de réal, 1855. *B.* 1 50

1159 — Durango. Huitième de réal, 1828. *B.* 1 »

1160 — Jalisco. Octavo, 1861. *B.* 1 50

1161 — Mexico. 10 et 5 cent. Hacienda de Tuxpango. *TB.* 2 »

1162 — San-Luis de Potosi. Centavo, 1863. *TB.* 3 »

1163 — Tapalpa. Huitième de réal, 1856. *B.* 2 »

1164 — Zacatecas. Quart et huitième de réal. *B.* à 2 »

1165 — Zamora. Huitième de réal, 1858, contremarqué. *B.* 2 »

1166 GUATEMALA. Quart de pistole, 1827. *TB.* 10 »

1167 BERMUDE. Demi-penny, 1793. *B.* 1 »

1168 HAÏTI. *A. Pétion.* 25 et 12 cent. An 14. *TB.* à 2 »

1169 — — 12 cent. An 11. *B.* 1 50

1170 — *J.-P. Boyer.* 25 cent. An 15 et an 24. *B.* à 1 50

1171 — — 2 cent, 1841. *B.* 1 »

1172 — *L. Pierrot.* 6 cent. 1846. *B.* 1 50

1173 — — 2 et 1 cent, 1846. *B.* à 1

1174 — *Faustin, empereur.* 2 cent, 1850. *B.* 1 50

1175 — *Geffrard,* 20 cent, 1863. *B.* 1 »

1176 — 2 cent, 1881. *B.* 1 »

1177 RÉPUBLIQUE DOMINICAINE. Quart de réal, 1848. *B.* 1 »

1178 ANTILLES FRANÇAISES. Défaite de la flotte hollandaise à la Martinique, 1674. Méd. de Mauger. Br. *B.* 15 »

1179 — Défaite de la flotte batave à Tabago, 1677. Méd. de Mauger. Br. *TB.* 5 »

1180 — Cercle des Philadelphes établi au Cap haïtien, 1784. Méd. maçonnique (de Simon), au buste de Louis XVI et à la ruche sous un Soleil (Zay, p. 231). Or. 24 gr. *FDC.* 300 »

Cet exemplaire unique, mal décrit dans le n° de janvier de l'*American Journal of numismatic and bulletin of american numismatic and archaeological Societies*, appartient à la loge des Philadelphes existant encore à Jacmel (Haïti), sous le n° 59 du Suprême conseil de France.

1181 — Iles du Vent. *Louis XV.* 12 sols, 1731. *TB.* 5 »

1182 — — — 12 sols, 1732. *B.* 6 »

1183 — Colonies françaises. *Louis XV.* Sol, 1721 et 1722. *B.* à 1 »

1184 — Colonies françaises. *Louis XV.* Sol, 1767. *B.* 1 »

1185 — — *Charles X.* 10 cent. et 5 cent. Dates variées. *TB.* à 0 50

1186 — Colonies françaises. *Louis-Philippe.* 10 et 5 cent. Dates variées. *B.* 0 25

1187 GUYANE FRANÇAISE. *Louis XV.* Sol au C couronné. *TB.* 1 »

1188 — *Louis XVI.* 2 sous, 1780 à 1789. *TB.* à 0 50

1189 — *Louis XVIII.* 10 cent, 1818. *TB.* 0 75

1190 Guyane anglaise. *Georges III*. Stiver, 1813. *B.* 1 »
1191 Caracas. *Ferdinand VII d'Espagne*. 2 réaux, 1818. *TB.* 3 »
1192 — Quarto, 1816 et 1818. *B.* à 1 »
1193 Carthagène. Demi-réal, 1812. *TB.* 1 »
1194 Sainte-Marthe. Quarto, 1820. *B.* 1 »
1195 Colombie. Quarto, s. d. *TB.* 1 »
1196 Brésil. *Joseph I*. 320 reis, 1751. *B.* 3 »
1197 — *Marie I*. 5 reis, 1787, contrem. des armes portugaises. *B.* 2 »
1198 — *Jean*, régent. 10 reis, 1815. *B.* 1 »
1199 — *Jean VI*. 80 et 10 reis. *B.* à 1 »
1200 — *Pierre I*. 960 reis, 1824. *FDC.* 5 »
1201 — — 20 reis. *TB.* 0 50
1202 — *Pierre II*. 1200, 800, 400 et 200 reis, 1834 à 1844. Ensemble. *FDC.* 10 »
1203 — *Pierre II*. 2000, 1000, 500 et 200 reis, 1862 à 1864. Ensemble. *FDC.* 10 »
1204 — *Pierre II*. 200, 40 et 10 reis, 1867 à 1873. *FDC.* 1 »
1205 Bolivie. Piastre, 1831, au buste de Bolivar. *FDC.* 5 »
1206 — Demi-piastre, 1830, au buste de Bolivar. *B.* 2 »
1207 — Huitième de piastre, 1839. « Potosi a la regeneracion de Bolivia. » *TB.* 4 »
1208 — Huitième de piastre. « Potosi a la constitucion del ano 1839. » *TB.* 4 »
1209 Chili. Peso, 1822, au volcan de Santiago. *FDC.* 6 »
1210 — Demi-décime, 1856, et centavo, 1835. *TB.* à 0 50
1211 — Constitution. Essai en bronze, 1836. *FDC.* 3 »
1212 — Piastre, 1823, surfr. d'une couronne royale. Troué. *TB.* 6 »
1213 Pérou. Ecu d'or, 1825, au buste de Sim. Bolivar. ℞. EL CVZCO A SU LIBERTADOR. Ruines d'un palais. 45 gr. *FDC.* 200 »
1214 — 2 réaux, 1826. *B.* 1 50
1215 — Quarto de peso, 1823. *B.* 1 »
1216 — Piastre, 1837. Cuzco. *FDC.* 6 »

1217 PARAGUAY. Douzième de réal, 1845, et 2 cent, 1870. *TB.* à 0 50

1218 URUGUAY. Peso et demi-peso, 1877. *FDC.* à 5 »

1219 — 20 cent, 1877. Æ. *FDC.* 1 50

1220 — 40, 20 et 5 cent, 1857, et 4 et 2 cent, 1869. *TB.* 1 50

1221 BUENOS-AYRES. Decimo, 1823; 2 réaux, 1840 et 1860. *B.* 1 »

1222 — Jeton de tramway. *B.* 1 »

1223 CORDOUE. Peso, 1852 *TB.* 8 »

SUPPLÉMENT

ALLEMAGNE

1224 *Othon.* Denier de Cologne. *B.* 4 »
1225 *Conrad II.* Denier de Lyon. *TB.* 2 »
1226 *Henri l'Oiseleur.* Denier de Verdun. *B.* 3 »
1227 *Louis de Bavière.* Gros tournois. *TB.* 80 »
1228 *Joseph I.* Son couronnement à Presbourg, 1687 (Sz. 48.4). Br. *TB.* 5 »
1229 *Charles de Lorraine.* Sa mort à Wels, 1690. Méd. de Hautsch. 27 gr. *B.* 30 »
1230 Cologne (Archevêché). *Waléran de Juliers.* Gros. *TB.* 5 »
1231 Bavière. *Guillaume et Renée de Lorraine.* Fondation de l'église des Jésuites à Munich, 1585. Br. 75 mm. *TB.* 6 »
1232 Brunswick. *Guillaume.* 2 pfenning, 1852. *TB.* 1 50
1233 Lixheim ? MONE . NOVA . ARG . PRINC . LI. Ecu écartelé et couronné. ℞. Aigle. Trois baetzner, 1619. *TB.* 30 »
1234 Landau. 1 livre, 1 sol, 1702, aux armes de Melac. *B.* 30 »
1135 — 1 florin, 4 kreuzer, 1713, aux armes de Wurtemberg. *TB.* 15 »
1236 Mayence. Denier anonyme mérovingien. *B.* 20 »
1237 Stralsund. Wittenpfennig. *B.* 3 »
1238 Worms. Pfenning uniface, 1616. *FDC.* 3 »
1239 *Lasaulx (P.-E. de)*, savant bavarois. Méd. uniface en étain bronzé. 73 mm. *TB.* 10 »
1240 *Salm Jean, comte.* Jeton de 1577 (Florange, p. 10). Cuiv. *TB.* 25 »
1241 — *Constance, ép. de J., prince de Salm-Dyck.* Méd. uniface de David d'Angers, 1829 (Florange, p. 12). Br. 45 mm. *TB.* 15 »

ANGLETERRE

1242 *Henri V*. Gros de Calais. *TB.* 6 »
1243 — Demi-gros de Calais. *B.* 3 »

BULGARIE

1244 *Asien I*. Matapan. *TB.* 5 »

ESPAGNE

1244 *bis*. *Ferdinand VII*. Quart de pistole, 1817. *TB.* 8 »

ITALIE

1245 Florence. *Ferdinand I*. Lire, 1588, à l'Annonciation. *B.* 3 »
1246 — *Cosme III*. Lire, 1677, à l'Annonciation. *B.* 3 »
1247 — Demi-paolo au buste voilé de la Vierge, 1715, p. Pise. *B.* 2 »
1248 Milan. *Frédéric I, emp*. Denier. *TB.* 3 »
1249 Pavie. *Lothaire I, emp*. Denier. *TB.* 10 »
1250 Ravenne (Archevêché). Denier. *TB.* 1 50
1251 Rimini. Denier. *B.* 1 50
1252 Rome. *Boniface VII*. Méd. de Saint-Urbain. Jubilé de 1300. Br. *TB.* 4 »
1253 — *Urbain VI*. Mistura de Bologne. *B.* 1 25
1254 — *Innocent VII*. Quattrino. *B.* 1 »
1255 — *Grégoire XIII*. Quattrino de Fano. *B.* 1 »
1256 — *Sixte V*. Quattrino de Fano. *TB.* 1 50
1257 — *Innocent XI*. Teston, 1684. *B.* 5 »
1258 — *Innocent XII*. Giulio. Jubilé de 1700. *B.* 2 »
1259 — *Clément XI*. Giulio, 1708. *TB.* 3 »
1260 — *Clément XII*. Teston, 1736. Ponts et chaussées. *B.* 5 »

PAYS-BAS

1261 *Ch.-Alex. de Lorraine*. Creusement du canal de Louvain, 1753. Br. *B.* 2 »

1262 Méd. offerte au prince par Dom Th. Mangeart, conservateur du Cabinet des Médailles, 1754. Br. *B.* 10 »
1263 Arrivée de sa sœur, Anne-Caroline, aux Pays-Bas, 1755. Br. *TB.* 4 »
1264 Retour du prince dans son gouvernement, 1758, 13 gr. *TB.* 7 »
1265 Académie d'Anvers. Br. 47 mm. *FDC.* 5 »
1266 Académie de Bruges, 1760. Br. 47 mm. *B.* 8 »
1267 Jubilé de vingt-cinq ans de gouvernement, 1769. 38 gr. *FDC.* 20 »
1268 Même événement. 13 gr. *TB.* 8 »
1269 La Société Caroline de musique, 1769. Br. *B.* 2 »
1270 Délimitation des frontières de France et des Pays-Bas, 1769. Br. *FDC.* 2 50
1271 Placement de la pierre fondamentale à la construction de l'église de Gautenbourg, 1776. Br. *TB.* 4 »
1272 Randerath. *Arnold III.* Gros tournois. *B.* 25 »
1273 Flandre. *Louis de Male.* Gros au lion. *TB.* 4 »
1274 Hollande (Comté). *Florent.* Gros tournois. *TB.* 10 »
1275 Gueldre. *Charles d'Egmont.* Snaphan. *B.* 3 50
1276 — *Charles de Lorraine.* Ecu, 1569. *FDC.* 140 »
1277 Anvers. Méreau p. les pauvres, 1606-1666. Cuiv. *TB.* à 5 »
1278 — *Ypol Ferrax*, maître de la Monnaie. 1480. Méreau p. les pauvres. Cuiv. *TB.* 10 »
1279 Académie de Bruxelles, 1778. 49 gr. *TB.* 15 »

SUISSE

1280 Dissolution de Sonderbund. Expulsion des Jésuites, 1847. Br. *B.* 1 50

Mâcon, Protat frères, imprimeurs.

EN VENTE CHEZ L'AUTEUR :

Adrien de Walderfingen (Méd. d'un Lorrain, XVIe siècle). Paris, 1892, in-4°, avec planche. 1 fr. 50

Badonviller, Atelier monétaire des comtes et princes de Salm. Paris, 1893, in-8°, avec vignettes dans le texte. 1 fr. 50

Médailles et Jetons des comtes et princes de Salm. Paris, 1895, in-8°, avec vignettes dans le texte. Br. 1 fr. 50

Monnaies, Médailles et Jetons relatifs à la Lorraine. Paris, 1894, in-8°. 2 fr.

Ce catalogue à prix marqués, orné de vignettes dans le texte, renferme près de 900 pièces et peut servir de guide aux amateurs de l'Est de la France.

Histoire des seigneurs et comtes de Sierk (Lorraine). Paris, 1895, sur papier de Hollande, avec planches dessinées à la plume. 10 fr.

VIENT DE PARAITRE :

FAIVRE (E). — *État actuel des ateliers monétaires et de leurs différents, coordonné et annoté d'après les documents les plus autorisés*. Paris, 1895, in-8°. Br. 1 fr. 50

Travail le plus complet et le mieux renseigné sur cette matière.

Monnaies romaines et byzantines. Catalogue à prix marqués (1641 nos). 1 »

EN PRÉPARATION :

Histoire du château et de la seigneurie de Meinsberg (près Sierk) jusqu'à nos jours, par J. Florange.

Ce travail sera tiré à petit nombre et se vendra 8 fr.

MACON, PROTAT FRÈRES, IMPRIMEURS

www.ingramcontent.com/pod-product-compliance
Ingram Content Group UK Ltd.
Pitfield, Milton Keynes, MK11 3LW, UK
UKHW022128170726
13837UKWH00003B/1433